Vice versa

Vice versa

Schriftelijke taalverwerving Frans voor gevorderden

Freek Bakker   Matthijs Engelberts
Christiane Chatot   Tom de Wolf

m.m.v. Christine Schagen
        Bep Vlugter

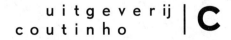
uitgeverij
coutinho | C

bussum 1998

Uitgever: Dick Coutinho, Slochterenlaan 7, 1405 AL Bussum

Tekeningen: P. Hermanides

Noot van de uitgever: wij hebben alle moeite gedaan om rechthebbenden van copyright
te achterhalen. Dit is niet in alle gevallen gelukt. Mochten er personen of instanties zijn
die menen aanspraak te maken op bepaalde rechten, dan wordt hun vriendelijk verzocht
contact op te nemen met de uitgever.

ISBN 90 6283 083 8 CIP
NUGI 942

Inhoudsopgave

Voorwoord

Doelgroep
Vice versa is een schriftelijke taalverwervingsleergang Frans voor
Nederlandstaligen op gevorderd niveau. De leergang kan gebruikt
worden in onder andere de eerste twee jaren van de universitaire
talenopleidingen, het derde en vierde jaar van het hbo (hoewel sommige teksten en vooral oefeningen zeker ook in de eerste twee jaar
van de lerarenopleiding of de vertaalopleiding kunnen worden
gebruikt), of op (een voorbereidend jaar van) de specialistische en
soms posttertiaire vertaalopleidingen in deeltijd die in Nederland
bestaan.

Werkvormen
Er ligt een accent op het vertalen in dit boek, maar behalve vertaalteksten en -oefeningen bevat de leergang ook oefeningen en 'vrije'
schrijfopdrachten die andere vaardigheden dan het vertalen op de
voorgrond stellen. Daarnaast zijn de schrijfopdrachten gedeeltelijk
aan teksten gebonden die een intercultureel karakter dragen doordat de situatie in Nederland en Frankrijk vergeleken wordt. De 60
vertaalteksten (en de extra interculturele teksten) in deze leergang
zijn alle rechtstreeks gebaseerd op authentiek materiaal uit zeer verschillende bronnen. Het aantal teksten, oefeningen en opdrachten
maakt het mogelijk om gedurende een langere periode met deze
leergang te werken, waarbij de teksten op de diskette bedoeld zijn
om zelfstandig door de student te worden gemaakt op de computer.

In elk van de 12 thematische dossiers van dit boek worden twee
Franse en twee Nederlandse vertaalteksten aangeboden op twee
verschillende niveaus. Hoewel de leergang is opgezet om zowel
naar het Nederlands als naar het Frans te vertalen, kan in een
bepaald curriculum indien gewenst gekozen worden voor het vertalen naar slechts één van deze talen. Van belang is ook erop te wijzen dat eveneens alleen met de oefeningen uit deze leergang
gewerkt kan worden, indien de docent de teksten, die immers niet
aan specifieke vertaalprobleem gebonden zijn, te tijdrovend of
eventueel te moeilijk vindt, ondanks de indeling in niveaus. In de
ongeveer 90 oefeningen, die in de meeste gevallen worden vooraf-
gegaan door een beknopte toelichting van het probleem en door
verwijzingen naar handboeken, worden specifieke problemen aan
de orde gesteld, waarvan er per college-uur twee of meer grondig
behandeld zouden kunnen worden (of gepresenteerd door de studenten zelf).

Het zal overigens duidelijk zijn dat de problemen die de studenten in dit boek bij het vertalen zullen leren oplossen ook vaak de problemen zijn die zij tegenkomen bij andere productieve vaardigheden – bij het spreken, ten eerste, en natuurlijk bij het schrijven van eigen teksten – en zelfs bij receptieve vaardigheden. Deze leergang gebruikt uitdrukkelijk het vertalen als *middel* bij de taalverwerving op gevorderd niveau. Daarom zal men in dit boek ook geen uitweidingen over vertaaltheorie aantreffen. Vertalen is in dit boek niet in de eerste plaats een doel op zich, maar allereerst een middel ter vergroting van de taalvaardigheid van Nederlandstalige studenten die zich bekwamen in het Frans. Vertalen dwingt tot een zeer grote precisie in een redelijk natuurlijke setting, het schept op pregnante wijze bewustzijn over de verschillen tussen twee talen, het is in didactisch opzicht verder ook een hanteerbare werkvorm, en het is bovendien in de maatschappij een zeer courante praktijk die een eigen beroepsveld kent. Natuurlijk kan de leergang eveneens een startpunt zijn voor studenten die zich uiteindelijk volledig in de specifieke vaardigheid van het schriftelijk vertalen willen specialiseren.

Opzet
In de leergang *Vice versa* is gekozen voor een opzet waarin vijf aspecten kunnen worden onderscheiden, waarop hieronder nader wordt ingegaan: thematische indeling, niveaus, oefeningen, schrijfopdrachten en extra interculturele teksten. De indeling per dossier van vier teksten is thematisch, zodat in elk dossier een cluster van verwante woorden aan de orde komt. Daarnaast wordt gewerkt met een indeling in niveaus. In elk dossier worden twee teksten van niveau 1 en twee teksten van niveau 2 aangeboden, waarbij aan de taalvaardigheid van de student hogere eisen worden gesteld voor het tweede niveau. Aan het eind van het boek staan nog 12 teksten op een hoger niveau die op de bijgeleverde diskette geoefend kunnen worden; bij 7 daarvan krijgen de studenten per zin gedetailleerde feedback op de door hen ingevoerde vertalingen, waardoor al lerende een correcte vertaling ontstaat. De 12 teksten op dit hogere niveau zijn niet meer thematisch gerangschikt.

Thematische indeling
Wat de thema's ('semantische velden') betreft: de leergang kan zeer goed naast een thematisch ingedeeld vocabulaireboek gebruikt worden. De indeling in thema's van dit boek loopt parallel aan de twee delen van *Le mot qu'il faut*. Natuurlijk is het niet noodzakelijk de leergang in samenhang met een vocabulaireboek te gebruiken. De docent kan bijvoorbeeld ook besluiten om de studenten zelfstandig een tweetalige woordenschat te laten aanleggen naar aanleiding van de teksten uit deze leergang – voor het bevorderen van het 'leren leren' wordt dit overigens ook in het *Woord aan de gebruikers* in dit boek aangeraden, onafhankelijk van de vraag of er met een vocabulaireboek wordt gewerkt!

Niveaus

Een tweede aspect van de opzet van deze leergang is het gebruik van niveaus. Elk dossier bevat een Nederlandse en een Franse tekst op niveau 1; de twee andere teksten zijn op niveau 2. Zo kan de docent vooruitgang bewerkstelligen, niet alleen in de beheersing van verwante woorden en uitdrukkingen – het voordeel van de thematische indeling – maar ook in vertaalvaardigheid – het voordeel van de indeling in niveaus! Ook hier geldt het motto van de flexibiliteit: de leergang kan per dossier worden doorgenomen, waarbij de twee niveaus na elkaar worden behandeld, of men kan eerst alle teksten op niveau 1 in de hele leergang doornemen en dan die op niveau twee. Voordeel van deze laatste aanpak is onder andere dat de semantische velden na verloop van tijd een tweede keer aan de orde komen.

Oefeningen

De aandacht van de studenten wordt op structurele wijze gestuurd door het derde aspect van de opzet van deze leergang: het oefenmateriaal. Bij iedere tekst die in deze leergang is opgenomen worden twee of (meestal) drie oefeningen aangeboden, die gebaseerd zijn op problemen die in de tekst voorkomen (wat vanzelfsprekend niet verhindert dat de oefeningen los van de tekst gemaakt kunnen worden). Het oefenmateriaal heeft in de ogen van de auteurs hetzelfde gewicht als de teksten en zorgt in dezelfde mate voor het didactisch effect van de leergang *Vice versa*. In alle gevallen zijn de oefeningen gebaseerd op problemen die de student is tegengekomen in de tekst: het gaat om een staalkaart van algemene problemen, zoals die ook aan de orde kunnen komen in een vergelijkende stilistiek, een boek als *Matériaux pour la traduction* of in een idioomboek als *Nieuwe praktische wenken bij de studie van de Franse taal*. Bij de oefeningen worden verwijzingen gegeven naar grammatica's, idioomboeken en vertaalhandboeken die veel gebruikt worden in het hoger onderwijs. Verder wordt bij het merendeel van de oefeningen het probleem dat aan de orde komt kort uitgelegd in een kader. Het gaat zowel om grammatica als idioom, maar het uitgangspunt is altijd een contrastief probleem, dat wil zeggen een uitdrukking of constructie die bij het vertalen en schrijven voor veel studenten extra aandacht vergt. Er is naar gestreefd om door de leergang heen een volledig beeld te geven van de frequent voorkomende problemen waarbij de meerderheid van de studenten begeleiding nodig hebben. Deze begeleiding zou trouwens, of men dit nu 'leren leren' noemt of niet, heel goed gedeeltelijk door de studenten zelf kunnen worden gegeven: de docent kan voor elke bijeenkomst aan (een aantal) studenten vragen de oefening te bespreken en het probleem toe te lichten, waarbij de verwijzingen die bij de oefeningen staan de studenten de weg zullen wijzen bij de voorbereiding van hun presentatie.

Schrijfopdrachten en interculturele teksten

Ten slotte wordt elk dossier afgesloten met een interculturele tekst in het Nederlands of in het Frans, en met schrijfopdrachten. In de teksten wordt commentaar gegeven op aspecten van één van beide culturen of wordt een beeld gegeven van bepaalde ontwikkelingen in een internationaal verband. Deze teksten kunnen goed als illustratie dienen bij colleges (contrastieve) cultuurkunde/Frankrijk-kunde en zouden tevens als uitgangspunt gebruikt kunnen worden bij colleges spreekvaardigheid. In de methode worden deze interculturele teksten gevolgd door een schrijfopdracht waarbij ingegaan wordt op de inhoud van de tekst. Vervolgens worden er nog twee schrijfopdrachten aangeboden, waarbij er in de opdracht naar gestreefd is de student zo veel mogelijk gebruik te laten maken van het idioom dat behoort tot het semantisch veld van het betreffende dossier. Eén van deze twee schrijfopdrachten is met name bestemd voor studenten die zich richten op de zakelijke kant van contacten met Frankrijk. Er is overigens bij de 36 gevarieerde schrijfopdrachten die in dit boek zijn opgenomen niet gekozen voor een uitgebreide instructie over schrijven in het algemeen; dat zou het kader van het boek overstijgen. Het is aan de docent om bij deze opdrachten indien gewenst enige verdere informatie te verschaffen, bijvoorbeeld over het structureren van een tekst of de opmaak van een brief.

Voor docenten is bij de uitgever een diskette te koop met de uitwerking van alle teksten en oefeningen uit dit boek.

Dankwoord

De auteurs van dit boek zijn dank verschuldigd aan velen die hun medewerking hebben verleend bij de totstandkoming van deze leergang. Enkelen daarvan willen wij hier met name noemen. Sabine van Wesemael heeft in een eerste fase deel uitgemaakt van het auteursteam. Christine Schagen heeft lange tijd meegewerkt aan de selectie en bewerking van teksten voor dit boek. Bep Vlugter heeft in een latere fase haar medewerking verleend door het materiaal op de bijgaande diskette beschikbaar te maken. Ten slotte heeft de opleiding Frans van de Universiteit van Amsterdam de totstandkoming gesteund door de auteurs enige tijd te geven voor hun werk aan het boek. De auteurs hopen overigens dat de uitgave van de leergang zal leiden tot commentaar uit brede kring

Aan de gebruikers van Vice versa

Dit boek bevat 12 thematische dossiers met teksten en oefeningen. Per dossier komt de woordenschat van een bepaald thema aan de orde. Leg een schrift, boekje of bestand aan waarin je tijdens het werken per thema woorden en uitdrukkingen opschrijft die je niet kent of die je opvallend of moeilijk vindt. Zo bouw je een persoonlijk vocabulaire op, dat je veel beter zult onthouden dan als je alleen maar een vocabulaireboek gebruikt (bijvoorbeeld *Le mot qu'il faut*, waarnaar verwezen wordt (LMQF) aan het begin van elk dossier uit dit boek).

Ga bij het vertalen van de *teksten* in dit boek als volgt te werk.

1 Lees eerst de hele tekst (brontekst) en zorg dat je alle woorden en uitdrukkingen begrijpt. Bij twijfel: raadpleeg een eentalig woordenboek van de taal waarin de tekst gesteld is (brontaal).

2 Vertaal de tekst. Gebruik bij het vertalen naslagwerken zoals die hieronder staan, en indien nodig een vertaalwoordenboek (tweetalig) en/of een eentalig woordenboek van de taal waar je naar toe vertaalt (doeltaal). Let speciaal op de **vetgedrukte** woorden en uitdrukkingen: die geven een algemeen vertaalprobleem aan dat je vaker zult tegenkomen. Noteer deze problemen of een keuze eruit eventueel in een apart gedeelte van je persoonlijke vocabulaire.

3 Lees nu je vertaling door, maar zonder naar de te vertalen tekst te kijken. Controleer of alle zinnen van je vertaling lopen, logisch zijn qua inhoud en in correct Frans of Nederlands gesteld zijn. Bij twijfel: raadpleeg het eentalige woordenboek van de doeltaal.

4 Controleer nu ter afsluiting of je vertaling (nog steeds) de informatie uit de brontekst volledig weergeeft.

Bij de *oefeningen* staat meestal een kader waarin het algemene probleem dat in de oefening aan de orde komt beknopt wordt uitgelegd. Sommige zinnen uit de oefening bevatten aspecten van het probleem die niet aan de orde zijn gekomen in de korte weergave van het probleem in het kader. Voor meer uitleg over het behandelde probleem kun je terecht in de paragraaf of het hoofdstuk van de handboeken waarnaar verwezen wordt naast de oefeningen.

De *schrijfopdrachten* aan het eind van de dossiers hebben betrekking op het thema van het dossier, en zijn deels gekoppeld aan interculturele teksten, en verder deels zakelijk en deels algemeen van aard. Voor sommige opdrachten zal de docent nadere algemene aanwijzingen geven.

GP   *Grammaire plus*, uitgeverij Coutinho
NPW *Nieuwe praktische wenken*, uitgeverij Wolters-Noordhoff
ES   *L'Essentiel de la grammaire française*, uitgeverij Wolters-Noordhoff
oef   oefening uit *Vice versa*

Zie verder ook:
> *Matériaux pour la traduction du néerlandais en français*, uitgeverij Coutinho
> *Matériaux supplémentaires pour la traduction du néerlandais en français*, uitgeverij Coutinho
> *Bouwstenen voor het begrijpen en vertalen van Franse teksten*, uitgeverij Coutinho
> *Meer bouwstenen voor het begrijpen en vertalen van Franse teksten*, uitgeverij Coutinho

1 *A chaque oiseau son nid semble beau*

LMQF 1, 2, 3   *à la maison*

1

Lyon, was **dat** niet die vuile industriestad, waar **de vele** buitenlandse werknemers slecht gehuisvest **zijn** in werkelijk afschuwelij-
ke woonblokken? Die stad waar **de meeste** openbare gebouwen
zwart zijn door de vervuiling en in slechte staat zijn? Die stad waar
5 de toeristen **op weg naar** de Provence, de Rivièra of naar Spanje
urenlang bleven vastzitten[1] in eindeloze files? Ja, **dat** was zo, lang
geleden. Hoewel de braakliggende terreinen verdwenen **zijn** en
hoewel er goedkope huurflats gebouwd **zijn**, **is** de woningnood
nog niet helemaal opgelost, maar **de meeste** gebouwen **zijn** schoon-
10 gemaakt, en Lyon is een moderne metropool geworden met ring-
wegen, waar men bovendien lekker kan eten voor een redelijke
prijs.

De stad heeft verhoudingsgewijs **veel meer** restaurants met een
Michelinster **dan** Parijs. In de hoofdstad, zeggen de Lyonese koks,
15 denken ze **te veel** na bij het koken. Je kunt **beter** je intuïtie volgen
als je de dagschotels en de kalfsschnitzels maakt.

Volgens Paul Bocuse, keizer van de Franse koks, die zijn gastro-
nomisch imperium in Lyon beheert, verdient een keuken die **te veel**
ongewone ingrediënten gebruikt bij het bereiden van een gerecht,
20 de naam 'haute cuisine' niet. 'Ik haat design voedsel[2]', zegt hij. 'In
deze streek vind ik **voldoende** heerlijke producten. Kazen **uit** de
Savoie, lamsvlees **uit** het departement Drôme, wijnen **uit** de
Beaujolais, **uit** Bourgondië en **uit** de Jura, en groenten en fruit worden in het Rhônedal gekweekt. Dat alles geeft onze keuken een vol-
25 strekt uniek karakter'.

'Drie rivieren stromen door Lyon: de Rhône, de Saône en de
Beaujolais', zeggen ze in Lyon. Om goede wijn te drinken, moet je
inderdaad naar die **typisch** Lyonese gelegenheden gaan die *bou-
chons* worden genoemd. *Chez Sylvain*, bijvoorbeeld, een klein eta-
30 blissement met oude spiegels aan de muur, tafels met schone tafel-
lakens, waar je de soep **uit** kommen eet en waar ze mijn lievelings-
gerecht (kip met rijst, gestoomde aardappelen en gevulde tomaten)
serveren **voor nog geen** 100 francs. Alles is vers, alles is heerlijk!

Naar: *NRC Handelsblad*

[1] blijven vastzitten – rester bloqué
[2] design voedsel – la nourriture design

1.2   Mots de quantité (veel / de meeste etc.)

De vele buitenlandse werknemers zijn slecht gehuisvest.
De meeste openbare gebouwen zijn schoongemaakt.

Les mots de quantité sont en général suivis de *de* uniquement; on n'emploie donc pas *des* (l'article indéfini pluriel) ni *du, de l', de la* (article partitif):

Dit huis heeft veel luiken.	Cette maison a beaucoup *de* volets.
Hij eet heel veel chocola.	Il mange énormément *de* chocolat.

Exception entre autres: *la plupart* et *bien*:

De meeste schorten zijn verdwenen.	La plupart *des* tabliers ont disparu.
Ik had veel moeite om hem te overtuigen.	J'ai eu bien *du* mal à le convaincre.

Cependant, on dit *bien d'autres*.

NPW
veel, meest
GP 6.1
oef 10.4
ES 5.2.3

1 Veel jongeren drinken liever sterke drank dan frisdranken.
2 We waren die avond met te veel. Enkelen van ons moesten op de grond gaan zitten.
3 Heel veel Nederlanders eten 's middags alleen een paar boterhammen.
4 De meeste buitenlanders wonen in de buitenwijken en velen zijn werkeloos.
5 Na het hoofdgerecht bracht de ober de ijsjes, maar er waren er twee te veel.
6 Paul werkt te veel en eet nog steeds evenveel kant-en-klaar gerechten als voor zijn ziekte.
7 Er waren veel mensen bij de slager.
8 Mijn moeder had erg veel knoflook in de stoofpot gedaan.
9 Het aantal zelfbedieningsrestaurants is hier enorm gestegen, maar er zijn toch nog steeds een aantal restaurants waar je zeer goed kunt eten.
10 In heel veel andere steden neemt de bevolking toe.

1.3 Uit

Kazen uit de Savoie.
We eten soep uit kommen.

Comme pour toutes les prépositions, il est le plus souvent impossible de donner des règles pour la traduction de la préposition *uit*. La traduction dépend du mot français que la préposition accompagne (nom ou verbe).

Iets pakken uit de kast.	*Prendre* quelque chose *dans* l'armoire.
Zij keken uit het raam.	Ils regardaient *par la fenêtre*.

Si le mot qui suit la préposition est un nom géographique, on emploie *de* pour traduire *uit*. Dans ce cas, les noms de pays et de régions féminins n'ont pas l'article défini.

Hij komt uit Bretagne.	Il est d'origine bretonne.
	Il est *originaire de* Bretagne.
Er is in Frankrijk veel hash uit Marokko.	Il y a en France beaucoup de haschisch *du* Maroc.

Parfois, *uit* ne se traduit pas par une préposition:

Eruit!	Sortez! A la porte!

NPW uit
GP 7.3.2.2
ES 5.1.4

1 Bij het ontbijt drinken mijn Franse vrienden hun koffie altijd uit een kom.

2 Ik weet uit ervaring dat de meeste Fransen niet erg van wijn uit Portugal houden.

3 Luc haalde de armband, die hij een uur eerder uit het zand had opgeraapt, uit zijn zak.

4 Bernard is gisteren teruggekomen uit Frankrijk.

5 We hebben de kaasjes uit de Berry en de worstjes uit de Auvergne meteen opgegeten.

6 Claire heeft deze recepten uit het kookboek van haar moeder overgeschreven.

7 Zijn vader komt uit de Provence. Daarom gaan ze vaak uit eten in restaurants waar men Provençaalse gerechten serveert.

8 Vervolgens haalde de verkoopster een paar ski's uit Noorwegen uit de vitrine.

9 Na de rekening betaald te hebben stond hij op en liep het café uit. Het was duidelijk dat het uit was tussen hen.

10 Reizigers uit Angers moeten hier een half uur wachten.

1.4 Zijn

De meeste gebouwen zijn schoongemaakt.

La traduction du verbe *zijn* pose parfois des problèmes:

De deur is dicht.	La porte *est* fermée.
	(= de deur is niet open: toestand)
De deur is gesloten.	La porte *a été* fermée.
	(= de deur is door iemand dichtgedaan: handeling)
Het water is vervuild.	L'eau *est* polluée.
	(= dit is vervuild water: toestand)
Het water is vervuild (bv. vorige week)	L'eau *a été* polluée.
	(= iemand heeft het water vervuild: handeling)

Il faut donc déterminer s'il s'agit d'un *état* (présent) ou d'une *action* (passée).

GP 18.2.2,
18.3.2
NPW *zijn*
ES 12.1.1
oef 7.2

1 De meeste warenhuizen zijn vanaf tien uur 's ochtends geopend.
2 De vuilniszakken zijn vannacht geopend en ze zijn niet opgehaald!
3 De waterleiding is geïsoleerd toen wij het huis kochten.
4 De leiding op de binnenplaats, die oud is en slecht geïsoleerd, is in de winter bevroren.
5 De spiegel naast de open haard is tijdens de verhuizing gebroken.
6 Het ruitje boven de voordeur is al enige tijd gebroken.
7 Koopactes zijn geschreven in een jargon dat de koper vaak niet begrijpt.
8 De brieven zijn geschreven door een medewerker van de makelaar.
9 De verdieping is onlangs verhuurd aan een jong stelletje.
10 Sinds enkele maanden is de begane grond van het flatgebouw verhuurd.

F-N 1.5 Se loger, se nourrir

1

1 Aujourd'hui, la plupart des Français aiment se blottir sous la couette et consacrent près de 30 % de leurs revenus au logement. **Certes**, le montant des loyers et des charges a doublé en vingt-cinq ans, mais cela n'explique pas tout. Derrière des portes fermées à double
5 tour, ils cultivent leur famille, **d'autant plus** précieuse **qu'**elle est devenue **précaire**. Ils rêvent souvent d'une petite **maison individuelle** en province, si possible à la campagne, avec un grand séjour et beaucoup de chambres. En matière d'électroménager, **on** a tout ce qu'il faut. **On** ne lésine pas sur l'essentiel – la literie – mais **on** s'offre
10 moins de meubles: **on** n'a pas l'argent ni la place. La télé a supplanté le buffet et la cuisine est devenue haut lieu de la convivialité[1].
Ceux qui accusaient les Français de passer tout leur temps à table devront nuancer leur jugement: les repas sont de moins en moins longs et copieux. Ceux qui leur reprochaient de ne pas se
15 nourrir d'une manière équilibrée seront surpris: les Français ne **bâclent** plus le petit déjeuner. **Mieux**: ils mangent plus de poisson et plus de légumes. Ils boivent davantage d'eau minérale et de jus de fruits et **freinent sur** les alcools. Ils ont découvert les céréales et les produits laitiers, ils laissent de côté les régimes amaigrissants et
20 la nouvelle cuisine... Bref, **finis** la grande bouffe et le saucisson à l'ail: les Français, désormais, mangent **avec raison**.
Cependant, leurs nouvelles habitudes alimentaires sont également le reflet de la vie moderne stressée. Ainsi, les Français font davantage appel aux plats tout prêts surgelés, tandis que les menus
25 régionaux ou exotiques se personnalisent[2] au gré de **l'heure** et des **humeurs**, quand les mets ne **sont** pas livrés à domicile, ce qui arrive de plus en plus fréquemment dans les grandes villes. Mais,

attention! on ne renonce pas pour autant au bien-manger. Pour faire la fête en famille ou entre amis, chez soi ou au restaurant, **rien ne vaut** les produits du terroir et une bonne bouteille. On est en France, quand même.

30

D'après: *L'Express*

[1] haut lieu de la convivialité – het centrum van de gezelligheid
[2] se personnaliser – een persoonlijk accent krijgen

1.6   Maison, appartement etc.

Traduisez dans les annonces immobilières suivantes les termes en italique:

3e Rue Montmartre. A partager *grd appart.,* de préf. étudiant(e). Au 5e, cuisine, wc, douche communs.
1700 F/mois + *charges*
01.48.87.82.90 (Marc)

Proche de Lyon – 20 mn. aéroport / dans parc de 6 ha magnifique *MANOIR* fin XVIIIe parquet, cheminée, *6 chambres*, 2 sdb, cuis. équip., grd. cave
EN EXCELLENT ETAT –
BELLE VUE

Paris IVe
hôtel particulier
600 m² sur *4 niveaux,*
magn. escaliers, belles pièces, très belles boiseries
Renseignements: COMADIN
agence immobilière
tél 01 480322 00

PARIS
imm XVIIIe gd standing
studio 30 m²
clair et calme, vue sur beau jardin intérieur
Delta immobilier
tél 01 47 12 54 44

En Provence
belle *propriété*
surface habitable 260 m², 6 ch, 2 sdb, / terrain 13 ha
parc de chênes verts
vue panoramique
livrable 6 mois après décision

Location vacances
beau *mas provençal* 8 pers
jardin arboré 2200 m² piscine
calme, belle vue

Pont de Neuilly
petit 2p. 33 m² 6e ét. asc.

SAINT-YRIEZ-EN-PERCHE
vends *Maison individuelle*
EN EXCELLENT ETAT
3 ch., nlle cuisine, sdb moderne, beau jardin, garage, gare à proximité/Limoges à 25 mn
Propriétaire
Tél 05 56 72 49 50
Fax 05 56 72 49 41

QUARTIER LATIN
À LOUER: *ch de bonne,* 6 m²
eau courante, clair
tél. 01 90 36 32 62 h repas

FAUBOURG ST-HONORÉ
Bel immeuble haussmannien
pierre de taille
5 pièces, 5e étage, séj 35 m², balcon soleil, bcp de charme, avec parking *au sous-sol*
SARRO IMMOBILIER
45, BOULEVARD CARNOT
TEL. 01 49 10 24 59

Traduisez les annonces immobilières suivantes:

WEESPERZIJDE

3-kamerappartement
prachtig uitzicht op Amstel
Woon-, slaap-, werkkamer, bad-
kamer met ligbad en douche,
moderne keuken. Geheel gere-
noveerd. Prijs: f *

TE KOOP in Lelystad

Ruime 4-kamerwoning, drie
verdiepingen, met zolder. Rus-
tige straat op zo'n 10 minuten
fietsen van het stadscentrum en
het NS-station.
Informatie:
Herbrink Makelaardij
tel 0340 265 108

TE HUUR IN LEUSDEN

dichtbij autoweg A 28
luxe kantoren
representatieve entree
huurprijs f * per m² per jaar
servicekosten ca. f * per m² per
jaar / parkeren onder het pand,
twee verdiepingen / fraaie bin-
nentuin
Informatie:
Van Eijsden & Roos makelaars
o.g. 081 455 69 00

---

te koop:
mooie villa
10 kamers, schitterende lambri-
sering jaren 20, grote, zonnige
tuin met bomen, mooie wijk
nabij Amstelstation

AMSTERDAM – Sloterplas

*Nog enkele appartementen be-
schikbaar*
Vlakbij de Sloterplas: te koop
enkele fraaie driekamerapparte-
menten. Het gebouw van 10
verdiepingen ligt aan de Robert
Fruinlaan, en is voorzien van
een lift; op elke verdieping bevinden zich 3 appartementen.
De prijzen zijn vanaf f *
*OPEN HUIS ZATERDAG
14 JUNI 10-14 UUR*

1.7 Auxiliaires de temps (être, avoir); prépositions devant un nom de lieu

Le montant des loyers et des charges a doublé.

En français, il y a un certain nombre de verbes qui se conjuguent avec *avoir* tandis que l'équivalent néerlandais se conjugue avec *zijn*.

Dit kind is enorm gegroeid dit jaar.	Cet enfant *a* énormément grandi cette année.
Ik ben in Londen geweest.	J'*ai* été à Londres.
De rente is omlaag gegaan.	Le taux d'intérêt *a* baissé.

Le cas contraire se présente aussi! En français, tous les verbes pronominaux se
conjuguent avec *être*:
De baby heeft zich pijn gedaan.   Le bébé s'*est* fait mal.

Remplissez les blancs en ajoutant la préposition et le verbe auxiliaire corrects (attention à l'accord du participe passé):

GP 15.1-4, 7.3
NPW obs gr
XIII, XVII
ES 10.1.1+2,
5.1.4

1 – Amsterdam, le loyer des deux-pièces au centre-ville – augmenté de 6%, l'année dernière.
2 Claire qui cherche une petite ferme à retaper, – descendu(e) plusieurs fois – le Midi ces derniers mois.
3 La colocation avec deux amies d'un appartement – XVe, m' –
   permis de vivre à Paris et ne payant qu'un tiers du loyer, qui
   s'élève à 18.000 F par mois.
4 La belle demeure – Bourgogne de mon grand-père qui – décédé
   il y a un mois, – brûlé(e) hier.
5 L'immeuble – La Haye où Jacques habite n'a pas l'ascenseur,
   donc je/j' – monté les escaliers à pied.
6 Cette étude – montré(e) que le nombre d'étrangers qui possèdent une résidence secondaire – Dordogne ou – Alpes, – doublé.
7 Stéphanie, qui – divorcé(e) récemment, – décidé(e) de louer un
   studio; elle s'– donc adressé(e) à la mairie – Havre pour se ren-
   seigner sur les différentes possibilités.
8 Cette belle zone forestière – Normandie – disparu(e) complètement après la construction d'un immense village de vacances.
9 – France de ma jeunesse, on – commencé la construction de
   grands ensembles autour de la capitale.
10 – la ville de Delft, les eaux des canaux – gelé(es) cette nuit-là.

N-F 1.8 De huiskamer is de spiegel van de ziel

2

1   Enige tijd **geleden** was er op de televisie een interessant program-
    ma te zien, getiteld *Tekenen des tijds*, waarin Nederlanders gefilmd
    werden in hun huiskamer. **Het interessante was dat** het er in deze
    serie niet om ging de bewoners te tonen, maar hun huiskamer en **de
5   manier waarop** die was ingericht.
        Er zijn maar weinig dingen die **zozeer** de persoonlijkheid van
    iemand laten zien **als** de kamers waarin hij woont. Een kamer is als
    een handschrift of als kleren, maar weerspiegelt nog veel meer het
    karakter van de bewoner. Slingeren er kranten? Is alles goed opge-
10 ruimd? Sommige kamers staan vol snuisterijen, maar andere zijn
    weer heel sober ingericht. Hangen er schilderijen aan de muur of
    affiches? Of helemaal niets? De kleinste details in de woonkamer of
    het huis tonen wat voor type man of vrouw er zijn dagen door-
    brengt.
15   **Wie** zich met dit onderwerp bezighoudt, realiseert zich al gauw
    hoe vergankelijk het object van zijn onderzoek is: de inrichting van
    de meeste 17de-, 18de-, 19de- en 20ste-eeuwse herenhuizen is com-
    pleet veranderd. Aan de ene kant **komt dat** natuurlijk **doordat** men-
    sen verhuizen en de nieuwe bewoners het huis laten verbouwen.

20 Aan de andere kant gaan bewoners dood en het huis van de over-
    ledene blijft verlaten achter[1]. Niets is **zo** kwetsbaar **als** het huis van
    iemand die net gestorven is. De bibliotheek valt uiteen[2], de meube-
    len worden verkocht, en de antieke kasten verdeeld onder de kin-
    deren. De rest **neemt** de vuilnisman **mee**. Slechts zeer zelden wordt
25 een huis een museum.

    Ook al is het dus moeilijk je een beeld te vormen van de manier
    waarop de mensen vroeger hun woningen inrichtten, toch lijken er
    op het gebied van de inrichting twee krachten te zijn die elkaar
    tegenwerken. De eerste is: **hoe** rijker men is, **des te** meer versierd
30 men zijn huis. Dat is het principe dat tot de 19de-eeuw het interieur
    van de rijken bepaalde. De andere is **kenmerkend voor** onze tijd:
    een witte muur, een sobere inrichting, indirecte verlichting. De per-
    soonlijkheid komt tot uitdrukking in de details, want je blijft altijd
    de dingen waarvan je houdt in je huis zetten.

    Naar: *Kunstschrift*

[1] verlaten achterblijven – rester à l'abandon
[2] uiteen vallen – être dispersé

1.9 Laten

Er zijn maar weinig dingen die zozeer de persoonlijkheid van
iemand laten zien.

Laten + infinitif se traduit souvent par *faire* ou *laisser* + infinitif. On se sert de *faire* si le sujet de *faire* fait quelque chose / intervient pour que l'action se produise; on utilise *laisser* si au contraire le sujet de *laisser* ne fait rien / n'intervient pas et laisse l'action se produire.

Ik heb de dokter laten komen.	J'ai *fait* venir le médecin.
Hij laat mij dit saaie werk doen.	Il me *fait* faire ce travail monotone.
Laat hem toch komen als hij graag wil.	*Laisse*-le venir s'il le désire.

Parfois cependant, un seul verbe français suffit pour traduire *laten* + infinitif. Cela vaut entre autres pour les cas où *laten* exprime un souhait ou un ordre, et aussi pour quelques expressions:

Laten we gaan!	Partons!
Ik wil wel komen, maar laat hij eerst weggaan.	Je veux bien venir, mais qu'il parte d'abord, lui.
Ik heb mijn trui in het café laten liggen.	J'ai oublié mon pull au café.

1 Volgende week laat ik je weten of wij op het feest kunnen komen.
2 Sinds twee weken heeft hij niets van zich laten horen.
3 Hij heeft een huis laten bouwen aan de Rivièra.
4 De directeur zei tegen de secretaresse: 'Laat hem maar binnen. Ik zal zien of ik hem kan helpen.'
5 Laat dat kind toch op de grond spelen!
6 Bij het tafeldekken heb ik de mooie gele vaas laten vallen.
7 Toen ik wilde betalen, zei hij: 'Laat maar zitten. Ik betaal wel!'
8 Laten we eens kijken of hij al klaar is.
9 Ik kon het niet laten om de brief aan Paul te laten zien.
10 Waar heb je de krant gelaten? Ik heb hem in de auto laten liggen.
11 Hij ruimt zijn kamer nooit op! Hij laat zijn spullen altijd overal liggen!

1.10 Se réaliser – réaliser – se rendre compte de – rendre compte de – s'apercevoir de – apercevoir – s'imaginer – imaginer – figurer – se figurer.

Utilisez un des verbes mentionnés ci-dessus. Proposez ensuite une traduction pour chaque verbe.

1 Zij beseft nog steeds niet dat zij over een week moet verhuizen.
2 Zij zal snel merken dat alleen wonen in een vreemd land niet gemakkelijk is.
3 Zij zegt dat het belangrijk is je te kunnen ontplooien in het kader van je werk.
4 Hij denkt vast dat ik van plan ben een tweede huis te kopen, maar dat is niet waar.
5 Ik kan me niet voorstellen dat hij het trappenhuis zelf gaat opknappen. Dat kost te veel tijd!
6 Het spijt me, maar uw naam staat niet op de lijst.
7 Hij was de balcondeur aan het verven, toen hij opeens zijn huurder op straat zag langskomen.
8 Ik had me nooit gerealiseerd hoe fijn het is om op het platteland te wonen.
9 Hij heeft verslag uitgebracht over de laatste vergadering van de vereniging van eigenaren.
10 Hij is al begonnen met de inrichting van zijn etage, veronderstel ik.

1.11 Hoe

Hoe se traduit entre autres par:
- *comment* (= de quelle façon, + verbe):

  Hoe gaat het? Comment ça va?

- *comme, combien, à quel point* (= dans quelle mesure, + adjectif ou verbe):

  Ik wist hoe groot dat kind was geworden. Je savais combien/à quel point cet enfant avait grandi.

  Hoe zwaar is dat pakje? Combien pèse ce petit paquet?

- *quel* (= dans quelle mesure, + *substantif français*):

  Hoe groot is dat pakje? Quelle est la taille de ce petit paquet?

- *plus/moins* (hoe ..., hoe ...):

  Hoe meer hij werkt, hoe minder hij eet. Plus il travaille, moins il mange.

Pour la traduction de *hoe ... ook*, il y a plusieurs traductions; *hoe* + adjectif ... *ook* se traduit par *quelque* ou *(aus)si*:

Hoe rijk hij ook is, hij is niet gelukkig. Si riche/Quelque riche qu'il soit, il n'est pas heureux.

Hoe dan ook, er is geen beslissing genomen. Quoi qu'il en soit, on n'a pas pris de décision.

NPW hoe

1 Zoiets heb ik nog nooit gehoord! Hoe kan hij zoiets verzinnen!
2 Hoe ouder men wordt, hoe belangrijker het is om een benedenwoning te hebben.
3 Je kan je niet voorstellen hoe blij ik ben naar Parijs te gaan verhuizen.
4 Ik weet niet hoe zij hun huis willen verkopen; waarschijnlijk via een makelaar.
5 Hoe dan ook, zij kunnen beter wachten, want de laatste tijd zijn de prijzen flink gedaald.
6 Zou je me hoe dan ook op de hoogte willen houden en me hun nieuwe adres willen opsturen?
7 Ik weet niet hoe zij erover denkt, maar ik zou nooit in Den Haag willen wonen.
8 Hoe mooi dit huis ook is, ik zou het nooit kopen. Het ligt niet goed.
9 Weet je hoe breed je studeerkamer is? Dat moet je weten voordat je tapijt gaat kopen.
10 Je zag meteen hoe opgelucht zij was.

Les résidences secondaires

2

1 Dans l'évolution démographique et économique qui a lieu en France, nous n'avons pas besoin d'évoquer la construction de grands ensembles d'habitation à la périphérie des villes. Mais il est peut-être nécessaire de souligner l'importance encore trop souvent sous-
5 estimée du phénomène de la résidence secondaire qui transforme tant la campagne et qui en a freiné le dépérissement.

C'est depuis longtemps, il est vrai, que nous connaissons la résidence secondaire, mais elle était autrefois surtout le privilège des évêques et des princes, de la noblesse et des grands bourgeois,
10 et elle n'était jamais très éloignée de la demeure principale. **Si** le nombre de résidences secondaires a considérablement augmenté au XXe siècle, tout spécialement en France, **c'est grâce** aux facilités de la circulation et à l'expansion des moyens financiers et des loisirs, dont profitent des classes sociales de plus en plus nombreuses.

15 On constate aussi que le campagnard rapproche son domicile de son lieu de travail urbain, et que l'homme des villes se repose périodiquement à la campagne. Cette évolution **assure** désormais en de nombreuses régions la survie d'un patrimoine immobilier rural[1] jusqu'alors menacé, notamment autour des grandes villes, à des
20 distances qu'on peut parcourir en voiture en une à deux heures. Des régions entières **en déclin** ont ainsi trouvé une nouvelle **vocation**, et ont été ravivées par la venue d'amateurs de calme.

Plus que jamais, c'est donc dans les campagnes que peuvent persister les caractéristiques si diverses de l'habitation française. **C'est**
25 **que** dans les villes **s'y substitue** une architecture uniforme qui utilise des matériaux nouveaux mieux **appropriés** à l'économie et à la vie moderne.

D'après: *La France et les Français*

[1] le patrimoine immobilier rural – de traditionele woning op het platteland; de voor het platteland karakteristieke woningbouw

1.13   Cultures vice versa

Tendances alimentaires en Europe

Si les habitudes alimentaires restent fortement imprégnées des traditions nationales et régionales, on constate un rapprochement entre les comportements, surtout en ce qui concerne les repas quotidiens. La part du budget des ménages consacrée à l'alimentation a baissé dans la plupart des pays, au fur et à mesure de leur développement économique. On constate également une convergence des consommations moyennes de nombreux produits. Bien que les écarts restent élevés, la convergence est nette en ce qui concerne le vin ou la bière, le sucre ou le pain.

Cette tendance à l'uniformisation dans le domaine alimentaire suit celle que l'on constate plus généralement dans les modes de vie. Elle est la conséquence de la multiplication des échanges, de nature commerciale et culturelle, entre les pays de la Communauté. Les produits proposés par les grands groupes alimentaires internationaux sont de plus en plus souvent les mêmes dans les différents pays. Les consommateurs les adoptent d'autant plus facilement qu'ils sont adaptés au 'goût moyen', présentés de façon pratique et qu'ils permettent une préparation rapide.

L'accroissement général du temps libre n'a pas profité à l'alimentation quotidienne. Les Européens ont réduit le temps qu'ils consacrent aux repas, tant à leur préparation qu'à leur consommation, afin d'en disposer pour d'autres occupations. Les différences nationales restent cependant sensibles: plus on va vers le sud, plus les repas se prolongent, avec un record pour la France (90 minutes par jour et par personne) contre 73 par exemple aux Pays-Bas. Le raccourcissement de la durée des repas a été facilité par le développement de produits alimentaires faciles à préparer (conserves, déshydratés, surgelés, plats préparés) et l'explosion de la restauration rapide (les *fast-foods*).

Dans beaucoup de pays, la population active dispose de moins de temps à la mi-journée, avec le développement de la journée continue et des horaires variables. La plupart des actifs sont donc contraints de déjeuner sur place, dans un restaurant d'entreprise par exemple. Ce phénomène est renforcé par le fait que les femmes sont elles-mêmes de plus en plus souvent actives. Dans les pays les plus développés, un repas sur trois est pris à l'extérieur du foyer.

La préoccupation croissante pour la santé et la forme conduit les habitants à être plus attentifs au contenu nutritionnel de leur alimentation. Une meilleure information sur les risques liés à une alimentation trop riche ou déséquilibrée a joué un rôle important dans la modification des habitudes alimentaires. Le développement de la pratique sportive, la volonté de vivre en bonne santé et les pressions sociales (relayées par les médias) ont accéléré ce phénomène. Les produits diététiques ou allégés sont donc de plus en plus recherchés, des produits laitiers aux plats cuisinés à faible teneur en calories, en passant par les boissons (gazeuses en particulier). Un nombre croissant de produits sont aujourd'hui proposés en version allégée. Enfin, les produits surgelés aussi ont connu une forte progression. Cet engouement pour les surgelés s'explique d'abord par la rapidité de préparation. La qualité et la variété ont renforcé cette tendance; de même que le prix, souvent inférieur à celui des produits frais.

D'après: *Euroscopie*

En vous appuyant sur les phénomènes décrits dans ce texte, décrivez en 400 mots environ les tendances et les modifications dans le domaine alimentaire qu'on a pu constater aux Pays-Bas ces dix dernières années. Vous pouvez entre autres prendre comme exemple vos propres habitudes et les comparer à celles de vos parents, ou décrire les produits qu'offre votre épicerie ou supermarché.

1.14   Ecrivez

A   Vous vous êtes inscrit à l'université de la ville de Tours. Rédigez une petite annonce dans laquelle vous demandez à louer une chambre à Tours. Choisissez vous-même quartier, superficie, loyer maximum, etc. Pour réduire le prix de l'annonce, utilisez les abréviations courantes.

B   Dix personnes ont réagi en vous envoyant leur numéro de téléphone. Préparez les coups de téléphone en notant les questions que vous voulez poser.

affaires

C   Vous avez conclu le contrat de location d'un studio dans la ville où vous allez passer six mois. Vous vous êtes installé, mais le lendemain il a plu et l'eau est entrée dans la chambre par le plafond. Il y avait déjà des taches au plafond au moment où vous étiez venu inspecter le studio avant de conclure le contrat, mais le propriétaire vous avait dit que les fuites avait été réparées. Quand vous avez appelé le propriétaire au téléphone, celui-ci a dit qu'il enverrait un plombier, mais personne n'est venu de toute la semaine, et vous avez dû quitter le studio et louer une chambre d'hôtel. Vous n'avez plus confiance et vous voulez annuler le contrat.

Ecrivez une lettre claire au propriétaire dans laquelle vous dites que vous résiliez (= annuler) le contrat pour cause de vice caché (= verborgen gebrek). Rappelez en outre au propriétaire que, même si les fuites avaient effectivement été réparées avant, c'est lui qui doit se charger des grosses réparations en tant que bailleur (= verhuurder). Vous demanderez aussi des dommages-intérêts (les frais d'hôtel – déterminez le montant), ainsi que le remboursement du loyer du premier mois et de la caution (= borgsom) de 2.000 F que vous aviez payée. Indiquez au propriétaire quand et sur quel compte en banque il doit verser les montants.

Commencez votre lettre par *Monsieur* et finissez-la par la

formule *Dans l'espoir d'une prompte réponse, je vous prie d'agréer, Monsieur, l'expression de mes sentiments distingués.*

Adresse: M. Lemarchand
          8, rue du Marché-au-Poivre
          63000 Clermont-Ferrand

2 Mieux vaut prévenir que guérir

LMQF 4, 5   *le corps*

2.1 In het ziekenhuis

1

1 Niet zo lang **geleden** dacht men dat je kinderen maar **beter** niets
kon **vertellen**, als ze naar een specialist verwezen werden of als ze
in een ziekenhuis moesten worden opgenomen. Kinderen die weten
wat er gaat gebeuren op het moment van de opname, zijn soms ner-
5 veuzer dan kinderen die geen flauw idee hebben van **wat** hen te
wachten staat. Natuurlijk zullen zij **ook niet** zonder angst een
onderzoek of een behandeling ondergaan. Maar in het algemeen
vertonen ze minder vaak een problematisch gedrag als ze weer
thuis zijn.
10 Het is **beter** dat ouders hun kinderen voorbereiden op een ver-
blijf in het ziekenhuis. En niet de huisarts of het verplegend personeel. **Zo** probeerde een verpleegkundige van de Eerste Hulp[1] een
zesjarig meisje uit te leggen **wat** er tijdens de narcose zou gebeuren.
Ze vertelde dat er bloed zou **worden** afgenomen en dat ze haar zou-
15 den laten inslapen[2] met een prikje. Het kind raakte volkomen in
paniek. De dierenarts had **namelijk** de poes van het patiëntje enkele dagen daarvoor laten inslapen met een spuitje.
De informatie die **je** een kind geeft, moet waar en simpel zijn.
Het hoeft niet in detail de diagnose te kennen. Maar het is nuttig te
20 **vertellen** dat het na de operatie nog pijn kan hebben of misselijk
kan zijn. **Je** moet ook **iets zeggen over** de medicijnen die het moet
gebruiken, over de bezoekuren, de dagelijkse visites van de behan-
delend arts, over de verpleegsters die ieder dag **je** pols en de temperatuur komen opnemen. Veelal zal het kind vóór de operatie nog
25 onderzoeken moeten ondergaan en zullen er röntgenfoto's genomen **worden**. Het zal misschien een dieet moeten volgen en nuch-
ter moeten zijn voor de operatie.
Boeken zijn ook een goed middel om kinderen voor te bereiden,
vooral de oudere. Deze kunnen zelf bestuderen hoe het hart, de lon-
30 gen, de nieren en de overige organen functioneren en waar de spieren en de slagaders zich bevinden. Als het kind **zijn been gebroken
heeft**, kan het plaatjes bekijken van het skelet en zal zo beter begrijpen waarom het been in het gips zit.

Naar: *Je kind in het ziekenhuis*

[1] Eerste Hulp – le service des Urgences
[2] laten inslapen – endormir

2.2 Compléments adverbiaux de temps

Niet zo lang geleden.
Enkele dagen daarvoor.

Faites attention à la traduction des expressions indiquant le *moment* ou la *période*.

Ik zie hem over een week.	Je le verrai *dans* une semaine.
Hij heeft dit werk in een week gedaan.	Il a fait ce travail *en* une semaine.

Dans un texte au passé, on ajoute souvent *-là* au substantif français.

Op dat moment kwam hij binnen.	A ce moment-*là*, il est entré.
Op die dag was zij niet thuis.	Ce jour-*là*, elle n'était pas chez elle.

Pour les termes comme *gisteren* et *de vorige dag*: par rapport à aujourd'hui, on dit:

eergisteren, gisteren	avant-hier, hier
morgen, overmorgen	demain, après-demain

Par rapport à un jour du passé, on dit:

de vorige dag, de dag daarvoor	la veille, le jour précédent, le jour d'avant
de volgende dag, de dag daarna	le lendemain, le jour suivant, le jour d'après

Comparez:

vorig / verleden jaar	l'an dernier / passé, l'année dernière / passée
volgend jaar	l'an prochain, l'année prochaine
het jaar daarvoor, het jaar daarna	l'année précédente, l'année suivante

l'année devant

NPW *dag, jaar, volgende, vorige* oef 4.3, 7.3, 8.3

1 Vijf uur geleden is hij geopereerd aan zijn lever.
2 En de pijn is twee dagen geleden pas begonnen!
3 Dan heeft hij bijna twee dagen erg pijn gehad.
4 Ik heb hem gisteren om twaalf uur nog gezien.
5 Vorig jaar heeft hij ook in het ziekenhuis gelegen! Of was dat het jaar daarvoor?
6 Dat kan zijn, maar nu is het over, en binnen een week is hij genezen.
7 En weet je zeker dat hij over een paar dagen geen dieet meer hoeft te volgen?
8 Ja, en maak je geen zorgen, volgend jaar hoeft hij niet opnieuw een onderzoek te ondergaan.
9 En het jaar daarop ook niet?
10 Waarschijnlijk komt hij over veertien dagen op de vergadering.

2.3 Beter

Je kunt je kinderen beter niets vertellen.
Het is beter dat ouders hun kinderen voorbereiden.

La construction *Het is beter (om dit te doen)* ou *Je kunt beter (dit doen)* se traduit par *Il vaut mieux (faire qch.)* ou *Tu ferais mieux (de faire qch.)*. Attention: *Il vaut mieux (faire qch.)* ne se construit pas avec *de*!

Het is beter om hem te schrijven / dat jullie hem schrijven.	*Il vaut mieux* lui écrire. *Il vaut mieux* que vous lui écriviez. Vous *feriez mieux* de lui écrire.

Beter peut être adjectif ou adverbe dans la phrase néerlandaise; la traduction française est en général *mieux* pour l'adverbe et *meilleur* pour l'adjectif.

Mijn ziektekostenverzekering is beter.	Mon assurance-maladie est *meilleure*.
Gaat het beter met je dan gisteren?	Tu vas *mieux* qu'hier?

NPW *beter*

oef 12.2

1 Hij poetst zijn tanden beter dan ik.
2 Zij is beter in wiskunde dan ik.
3 Neem jij vitamine C? Ik ken een betere methode om verkoudheid te vermijden: beter eten!
4 Het is beter om naar de huisarts te gaan als je pijn in je rug hebt.
5 Je kunt beter eerst die afspraak afzeggen.
6 Je zou kunnen proberen de arts te bereiken, maar je kunt beter direct naar het ziekenhuis gaan.
7 De dokter zei dat het beter was om wat zalf op de wond te doen.
8 Je kunt je medicijnen beter om twaalf uur innemen.
9 Zij had beter geen verband op die wond kunnen doen.
10 Ik dacht dat je je enkel had verstuikt? Ben je al weer beter?

2.4 Vertellen, zeggen, verklaren, horen etc.

Je kunt je kinderen beter niets vertellen.
Het is nuttig te vertellen dat het kind na de operatie nog pijn kan hebben.

Vertellen ne se traduit par *raconter* que s'il s'agit d'une histoire, d'une suite d'événements. Si *vertellen* veut dire simplement *iets meedelen, iets zeggen*, il se traduit en général par *dire (qch)*.

Hij heeft mij verteld wat er gebeurd is.	Il m'a *raconté* ce qui s'était passé.
Hij vertelde mij dat hij pas 16 was.	Il m'a *dit* qu'il n'avait que 16 ans.

Horen se traduit par *entendre dire* s'il veut dire *iets vernomen hebben*:

Ik hoor u niet goed.	Je vous *entends* mal.
Ik heb gehoord dat hij overreden is.	J'ai entendu *dire* qu'il a été renversé par une voiture.

1 Kunt u me vertellen hoe laat het is?
2 Vertel me nu eens rustig wat er precies gebeurd is.
3 Na de top vertelde de minister de journalisten dat men nog geen besluit had genomen.
4 Hij beweerde dat hij de waarheid sprak.
5 Ik heb gehoord dat hij ontslagen is.
6 Dat is gedeeltelijk te verklaren door het feit dat hij met niemand wil samenwerken.
7 Goed, en nu mag jij vertellen wat je van de kwestie denkt.
8 Je mag dit absoluut niet verder vertellen, hoor!
9 Ik heb niets nieuws gehoord, want hij vertelt iedere keer weer precies hetzelfde.
10 Dat zegt niets! Het kan zijn dat hij morgen pas thuiskomt.
11 De voetballer heeft een korte verklaring afgelegd waarin hij zijn vertrek uitlegde.
12 Hij bevestigde onder andere dat hij niet goed met de trainer kon opschieten.
13 Hebben jullie wel eens van de dichter Gerrit Kouwenaar gehoord?
14 Zijn boosheid verklaart nog niet alles.
15 Wij hadden van zijn vrouw gehoord dat hij ernstig ziek was, maar mijn zoon vertelde dat hij hem gisteren in het café had gezien.

F-N 2.5 Les Français et leur santé

1

1 L'indicateur[1] le plus courant de l'état de santé d'un pays est sans doute l'espérance de vie et celle-ci a fortement augmenté depuis les années 50. Cette progression **s'explique** en partie par le recul de la mortalité infantile, l'évolution des modes de vie (habitudes alimen-
5 taires, hygiène, prévention) et l'amélioration **sensible** des traitements. **En effet**, en une génération, la médecine **a réalisé des progrès immenses**. Pourtant les Français n'ont jamais eu aussi peur de la maladie.

A ce propos, **il faut remarquer** tout d'abord que la façon dont **on voit** chaque maladie est très variable. La fréquence et la gravité des
10 'grandes maladies' ne sont pas toujours correctement estimées: on guérit du cancer bien plus fréquemment qu'on ne l'imagine, tandis qu'on meurt encore beaucoup des maladies de coeur et de l'alcoolisme. La peur du SIDA, **elle**, repose sur des faits et des perspectives alarmants. **C'est que** le virus s'est développé de façon très
15 rapide et les traitements n'ont pas, jusqu'ici, fourni de véritable espoir. Tant que les laboratoires ne parviendront pas à mettre au point un vaccin, le SIDA sera un risque planétaire comparable aux grandes épidémies du passé.

Par ailleurs, **il faut souligner** qu'il y a de profondes disparités
20

entre les Français. **On constate** que certains se rendent moins fréquemment chez le médecin que d'autres, en premier lieu bien sûr
les bien-portants. **On peut** par contre s'étonner du fait que les femmes consultent plus souvent et qu'elles consomment plus de médi-
25   caments, mais **il faut dire** qu'elles ont plus de raisons spécifiques:
périodes de grossesse, choix des méthodes contraceptives, méno-
pause, etc. Mais surtout, **comment expliquer** que les agriculteurs,
les patrons[2] et les personnes exerçant une profession libérale consultent moins souvent que les **cadres** et les **employés**? Le nombre
30   de traitements n'est d'ailleurs pas la seule différence entre les catégories **professionnelles**. Le type de consultation diffère également:
les premiers restent fidèles aux généralistes tandis que les seconds
se rendent plus souvent chez les spécialistes.

    Finalement **on peut remarquer** que pour faire face à la maladie
35   les Français n'hésitent plus à avoir recours à des thérapeutiques
nouvelles. **Aussi** les médecines douces[3] connaissent-elles de plus en
plus d'adeptes. De toute façon, **quelle que** soit la personne vers qui
ils se tournent, il est frappant qu'ils souhaitent garder une possibilité de choix personnel. Un tiers des patients ne suivent pas les
40   ordonnances à la lettre: certains n'achètent pas tous les médica-
ments prescrits; d'autres enfin n'en consomment qu'une partie.

D'après: *Francoscopie*

---

[1] indicateur – graadmeter

[2] patrons – mensen met een eigen zaak

[3] les médecines douces – alternatieve geneeswijzen, alternatieve geneeskunde

2.6   Voix active (texte français) <-> voix passive ou traduction contextuelle (texte néerlandais)

Cette progression s'explique par le recul de la mortalité infantile.
Il faut remarquer tout d'abord que la façon dont on voit chaque
maladie est très variable.

Le passif est moins fréquent en français qu'en néerlandais. Quand on traduit un texte français, il ne faut donc pas s'étonner de voir que parfois la meilleure traduction de la voix active en français est une *construction passive* en néerlandais.

On lui a demandé d'assister à cette réunion.	Zij werd gevraagd om deze vergadering bij te wonen.

GP 18.3
ES 12.1.2

1 On dit souvent qu'être en bonne santé est la chose la plus importante.
2 On entendit dans le haut-parleur: 'On demande à l'infirmière de nuit de se rendre le plus vite possible à la salle trois.'
3 A trois heures du matin, quelqu'un a téléphoné au médecin de garde. Sans hésiter, il a sauté dans sa voiture et s'est précipité à l'hôpital.
4 On sait que la plupart des fumeurs ont beaucoup de mal à arrêter.
5 Il faut insister sur le danger que représente le tabac pour les femmes qui prennent la pilule.
6 Il n'y a pas beaucoup de mesures prises dans ce domaine, parce qu'on s'en fiche.
7 On croit toujours que cela n'arrive qu'aux autres.
8 Il faut remarquer que la construction d'un nouvel hôpital psychiatrique ne résoudra les problèmes qu'en partie.
9 On riait, on chantait, on dansait.
10 On ne fait pas d'omelette sans casser les oeufs. *(proverbe)*

2.7 Les verbes et leurs prépositions

Les Français n'ont jamais eu aussi peur de la maladie.
On meurt encore souvent des maladies de coeur.

En néerlandais, le verbe se construit parfois avec une préposition, tandis que l'équivalent français du verbe ne prend pas de préposition. Le verbe français se construit donc avec un *complément d'objet direct*:

Ik houd *van* Bertrand.　　　　　J'aime Bertrand.

L'inverse se produit aussi: le verbe néerlandais se construit sans préposition, tandis que l'équivalent français est suivi d'une préposition. Le verbe français se construit donc avec un *complément d'objet indirect*:

Hij kan de vergadering niet bij-　Il ne peut pas assister *à* la réunion.
wonen.

Parfois un verbe néerlandais se construit avec une préposition et le verbe français aussi, mais la préposition qui suit le verbe français n'est pas celle à laquelle un Néerlandophone s'attendrait peut-être en premier lieu:

Ik twijfel aan het goddelijk gezag　Je doute *de* l'autorité divine du roi.
van de koning.

---

oef 5.2, 9.10,
11.3
GP 26.6
ES 14.4

1 Hij keek vaker naar zijn schilderijen dan naar zijn vriendin; maar hij keek nooit naar de televisie.
2 Waar wacht je op? Ik wacht op Godot.

3 De klanten vragen deze zomer vaak om witte kleren.
4 Je moet wat beter naar je tante luisteren.
5 's Zondags luister ik altijd om één uur naar het nieuws.
6 Hij heeft zijn vader opgevolgd.
7 Hij heeft deze ramp niet overleefd.
8 Deze politicus heeft zijn macht misbruikt.
9 Hij schaadt zijn gezondheid door zo veel te drinken.
10 Ik wantrouw het beleid van deze onderneming.
11 Hij verwachtte iets anders.
12 Hij speelt geen fluit, hij speelt piano.
13 Toen hij de kamer binnenkwam, ging Mireille meteen weg.
14 De presidentsverkiezingen in Frankrijk lijken niet op die in Amerika.
15 Hij interesseert zich voor auto's en motoren.
16 Hij is erg geïnteresseerd in Franse edelen.
17 Hij heeft haar niet uitgenodigd voor deze vergadering.
18 Ik heb met Bernard gepraat over jouw idiote gedrag.
19 De baby lijkt niet op zijn vader, maar ik twijfel niet aan zijn vaderschap.
20 Ik zie af van mijn plan.
21 De burgers hebben zich nooit verzet tegen de dienstplicht.
22 Zij werd boos over die opmerking.
23 Verboden kwaad te spreken over de docent.
24 Toen zij zich beklaagde over zijn gedrag, werd hij boos op haar.
25 Dat dient nergens voor.
26 Hij lijdt aan een onbekende ziekte, waarschijnlijk een lever- ziekte.

N-F 2.8 Epidemieën hebben hun eigen geschiedenis

1 Onlangs kon men in de krant lezen dat een man in Rotterdam door zeven tandartsen de deur **was gewezen**. **Geen** van de tandartsen wilde hem behandelen. De reden: de man leed aan aids.

Aan ernstige epidemieën is onze samenleving **allang** niet meer
5 gewend. Gezond zijn is voor ons **zoiets vanzelfsprekends** gewor- den dat we **het** bijna beschouwen als een recht. Vroeger waren de mensen echter al blij dat ze in leven[1] waren en pijn en ziekte waren **niets uitzonderlijks**. Tanden **werden** bijvoorbeeld niet gepoetst en tandartsen bestonden niet; er waren alleen kwakzalvers die kiezen
10 trokken en wondermiddeltjes verkochten op de markten. Dit bete- kende dat de meeste mensen voortdurend kiespijn hadden.

Kanker en hart- en vaatziekten waren vroeger veel zeldzamer. De verklaring **hiervan** is eenvoudig: de meeste mensen **waren** al eerder bezweken aan **andere** ziekten, zoals tuberculose, griep, pest,
15 lepra of cholera. Om maar niet te spreken van de vele ziekten die kleine kinderen troffen. In de 17e eeuw stierf in Frankrijk gemid-

deld een kwart van de pasgeborenen **voordat** ze één jaar waren.

Besmettelijke ziekten hebben hun eigen geschiedenis. Sommige kwellen de mensheid al sinds zij bestaat, zoals malaria. **Andere**
20 ziekten verschijnen plotseling en verdwijnen **even** onverwacht. De invloed **ervan** op de loop van de geschiedenis is enorm geweest. Ongeveer honderd jaar na de komst van de Spanjaarden in Mexico was er **nog maar** 5% van de autochtone bevolking over. Dat was onder andere het gevolg van ziekten die men daar voorheen niet
25 kende.

Tot aan het begin van de vorige eeuw wist men niet hoe besmettelijke ziekten overgebracht werden. Men dacht **wel** aan 'vuile' lucht, men wist ook dat er een relatie bestond tussen ratten en pest en dat sommige ziekten werden overgedragen door aanraking[2]. De
30 echte doorbraak[3] kwam echter pas in de tweede helft van de 19e eeuw. Toen ontdekte men de bacterie. **Het lukte** de Franse scheikundige Louis Pasteur en de Duitse arts Robert Koch niet alleen de bacillen te isoleren die bepaalde besmettelijke ziekten veroorzaakten, maar zij slaagden er ook in **een aantal** vaccins te ontwikkelen.

Naar: *Reflector*

[1] in leven zijn – ici: être en vie

[2] door aanraking – par le contact

[3] de doorbraak kwam – ici: on fit des progrès

2.9   Constructions personnelles et impersonnelles

Het lukte de Franse scheikundige de bacillen te isoleren.

En néerlandais les constructions impersonnelles sont plus fréquentes qu'en français. Il faut donc parfois traduire une construction impersonnelle en néerlandais (*het* ou *er*) par une construction personnelle en français.

Het bevalt mij hier.	Je me plais ici.
Het spijt me.	Je regrette. Je suis désolé.

NPW obs.	1 Het is mij niet gelukt om een slaapmiddel te kopen voor sluitingstijd.
gr. XII	
GP 22.3, 18.2.4	2 Het heeft mij veel moeite gekost om een verband om te doen.
Es 12.3.2	3 Het verbaasde haar dat hij zich niet geschoren had.
oef 3.2	4 Het bevalt me op deze plek, want er is minder lawaai.
	5 Het lijkt alsof zij al weer beter is.
	6 Aan geld ontbreekt het ons niet, we hebben gewoon geen zin.
	7 Er is veel gegeten die avond.

8   En denk erom: er wordt hier niet gelachen!
9   Het zal mij benieuwen of we vanavond iets te eten krijgen!
10 Het zal niet lang duren voor hij opnieuw zijn been breekt.
11 Het verheugt ons dat wij uw bestelling hebben ontvangen.

2.10   Tot

Tot aan het begin van de vorige eeuw.

Tot se traduit par *à* dans certains cas, par exemple dans la construction *van ... tot* et dans des expressions comme *tot (morgen)!*

Van de zestiende tot de acht- tiende eeuw.	Du XVIe *au* XIXe siècle.
Tot de volgende keer!	*A* la prochaine (fois)!

Tot se traduit par *jusque* suivi d'une préposition ou d'un adverbe dans d'autres cas:

Hij heeft tot twee uur gewerkt.	Il a travaillé *jusqu'à* deux heures.
Hij heeft me tot in de stationshal gebracht.	Il m'a accompagné *jusque* dans le hall de la gare.

Tot peut aussi être une conjonction et se traduit alors le plus souvent par *jusqu'à ce que* + subjonctif.

---

1   Tot vandaag heeft zij kiespijn gehad.
2   Tot nu toe was de sociale zekerheid in Nederland beter dan in de meeste Europese landen.
3   Psychiatrische inrichtingen zijn in de twintigste eeuw ontstaan. Tot dan toe werden psychiatrische patiënten opgesloten.
4   Lodewijk de Veertiende regeerde van 1643 tot 1715, dat wil zeggen van zijn vierde tot zijn dood.
5   Tot 1970 was het universitaire onderwijs bijna gratis.
6   Tot straks! Oh nee, je blijft vandaag maar tot twee uur: tot morgen, dan!
7   Hij heeft zijn heup gebroken en de operatie heeft tot drie uur 's nachts geduurd.
8   De verpleger heeft het slachtoffer begeleid tot in de ambulance.
9   Tot waar moet je gaan om hem te laten voelen dat hij te ver is gegaan?
10 Tot verbazing van allen bood hij zijn excuses aan.
11 De behandeling is vandaag uitgesteld tot de volgende week.
12 Wacht je op me tot ik deze oefening af heb?
13 Ja, ik wacht tot je klaar bent.
14 Voor vandaag moest je tot en met pagina 10 lezen.

2.11   Iets/niets/iemand/niemand + adjectief + -s

Iets vanzelfsprekends.
Niets uitzonderlijks.

---

iets/niets/iemand/niemand + adjectif + (-s) se traduit en français par *quelque chose / ne...rien / quelqu'un / ne..personne + de* + adjectif masculin:

Er stond niets interessants in dit boek.	Il *n'*y avait *rien d'*intéressant dans ce livre.
Ik heb niemand anders gezien.	Je *n'*ai vu *personne d'*autre.

GP 2.2.1.2,
2.2.2.3
ES 7.6.1 fin

1   Ik heb zin in iets lekkers.
2   Iets zoets of iets hartigs?
3   Is er echt niets anders dan kaas?
4   Ik heb nog wel iets lekkerders.
5   Aangezien ze niets beters kon vinden, heeft ze die medicijnen maar genomen.
6   Kun je niet iets gewoners kiezen?
7   Is jou wel eens zoiets vervelends overkomen?
8   Er is toch niets ernstigs gebeurd, hoop ik?
9   Hij heeft een uur gepraat zonder ook maar iets nuttigs te zeggen.
10   Niets is vervelender dan verkouden worden.
11   Je zult niet gemakkelijk een bekwamer iemand vinden.
12   Ik wil niet dat jullie het over iemand anders hebben.

F-N 2.12   Le corps menacé

2

1   Au début du siècle, la maladie et la mort étaient une menace quotidienne avec laquelle on avait l'habitude de compter. La mortalité infantile était encore **considérable**: un enfant sur cinq mourait avant cinq ans. La pneumonie, la diphtérie, les maladies infectieu-
5   ses étaient souvent mortelles, et la tuberculose était un fléau pour la société tout entière. Les antibiotiques et les progrès de la chirurgie ont changé tout cela: la mortalité infantile a massivement reculé, et l'espérance de vie des enfants est actuellement supérieur d'une vingtaine d'années à ce qu'elle était au début du siècle.
10   C'est pourquoi cela nous choque si quelqu'un meurt prématurément: mourir ne semble plus normal tant que l'on n'a pas un âge **certain**. La mort, il est vrai, est souvent **brutale**: les accidents de la circulation tuent des personnes en bonne santé, et l'infarctus ne prévient guère. Le cancer, qui frappe des femmes et des hommes dans
15   la force de l'âge, se révèle souvent trop tard; **aussi** est-il redouté

comme une malédiction, et l'on hésite à **lui donner son nom**. Bref, maintenant qu'on parvient à guérir la plupart des maladies, sauf l'usure de l'organisme, vivre n'est plus une **chance**: c'est un droit.

20   S'occuper de son propre corps n'est pas seulement **faire sa toilette, rester en forme** et lutter contre l'**âge**: c'est aussi le préserver des maladies. La peur de la maladie règne dans notre société; elle donne aux médecins une influence et un prestige plus importants et **permet aux** pharmacies, aux laboratoires d'analyse comme aux radiologues de faire fortune. Au moindre **mal**, on prend des médi-

25   caments, on **consulte**, on fait faire des examens. Les progrès de la science inspirent une confiance parfois excessive. La volonté de se faire soigner est si forte que l'échec[1], inévitable à terme, des thérapeutiques officielles, pourtant plus efficaces que jamais, fait le bonheur[2] des médecines parallèles. Contre toute attente, on trouve tou-

30   jours des guérisseurs et le nombre des homéopathes et des acupuncteurs augmente.

D'après: *Histoire de la vie privée*

[1] l'échec – ici: ontoereikendheid
[2] faire le bonheur – ici: goed uitkomen

2.13   Cultures vice versa

Non-verbale communicatie

De lichaamsafstand
Dat er afstand is tussen twee personen die bijvoorbeeld met elkaar staan te praten is maatschappelijk voorgeschreven en algemeen aanvaard. Wat ons echter interesseert, is het verschil dat bestaat tussen de Nederlandse en Franse culturen.

Als u Nederlanders bekijkt die bij een informeel samenzijn met elkaar staan te praten, zult u zien dat ze in de regel een behoorlijke afstand tussen elkaar houden, ongeveer 75 cm. De afstand varieert afhankelijk van de aard van de bijeenkomst en de samenstelling van de groep: mannen en/of vrouwen, de hiërarchie onderling, vriendschap of intimiteit, enzovoort. Deze afstand is over het algemeen groter dan in Frankrijk.

De gebarentaal
De meeste mensen, of ze nu Frans of Nederlands zijn, praten niet alleen met hun mond: ook hun gezicht en hun handen doen mee. Fransen gebruiken vaak een expressieve mimiek: ze fronsen de wenkbrauwen en het voorhoofd, en maken bewegingen met ogen, mond of het hele hoofd. Op die manier drukken ze allerlei gevoelens uit. Nederlanders doen dat ook wel, maar hun gebaren en mimiek zijn anders van karakter, korter en minder uitgesproken.

Daarnaast kennen de Fransen ook specifieke gelaatsuitdrukkingen en gebaren die een betekenis op zich hebben. Bijvoorbeeld: de Fransen kennen een gebaar dat men zeer vaak maakt bij vergaderingen, congressen, enzovoort om verveling uit te drukken. Het is nuttig om het signaal discreet door te geven aan een collega die verderop zit, zonder iets te hoeven zeggen. Het recept is simpel: schuif de rug van de hand een paar keer langs de kaak op en neer. Dit produceert bij mannen, vooral aan het einde van een vermoeiende vergaderdag als de baardgroei al weer aardig doorkomt, een stevig geluid.

Wat is de oorsprong van dit typisch Franse gebaar? In familiair Frans zijn woorden als 'barber, raser' (afkomstig van 'la barbe', de baard en 'raser', scheren) synoniem voor *ennuyer*. 'C'est rasoir, ça me barbe!' of 'ça me rase' zijn courante uitdrukkingen voor verveling. Het beschreven gebaar illustreert dus onmiskenbaar zijn bedoeling.

D'après: *Business Class Frankrijk*, M.J. Browaeys, V. Merk

En vous inspirant de cet article, rédigez un texte afin de préciser quelles sont à votre avis les grandes différences entre Néerlandais et Français quant au comportement corporel? Décrivez par exemple, quelques gestes, mimiques ou attitudes corporelles que l'on peut voir aux Pays-Bas en précisant ce qu'ils signifient ou dans quels contextes on les utilise. Connaissez-vous également certains gestes utilisés en France et n'existant pas aux Pays-Bas ou ayant une autre signification?

2.14 Ecrivez

A Dites ce que vous faites ou ce que vous ne faites pas pour rester en forme. Pensez au sport, au jogging, à la gym, aux randonnées à pied, aux soins corporels, à la nourriture, au tabac, à l'alcool etc. (texte de 300 mots)

affaires

B Vous proposez de lancer sur le marché un certain produit de beauté. Vantez les qualités de ce produit, déterminez le groupe cible. Préparez aussi une campagne publicitaire, faites un dépliant et inventez un slogan.

3 Plus on est de fous, plus on rit

LMQF 6, 7, 8   *les amis, les amours*

Lichamelijk contact is nodig

1   Vroeger was **het** normaal dat kleine kinderen bij hun ouders in bed
sliepen. Tegenwoordig hebben veel mensen een aparte babykamer.
Het is de vraag of dat goed is voor kinderen. Het intieme contact
tussen ouders en kinderen is zo **immers** verdwenen.

5   Twee psychologen **uit** Amsterdam doen onderzoek **op** dit
gebied. Zij interesseren zich voor de **vraag hoeveel** aandacht kinderen nodig hebben in hun **eerste levensjaren**. Elke week gaan de
psychologen op bezoek bij vijftien gezinnen. Zij willen weten hoeveel keer de ouders het kind knuffelen en zoenen, kortom: hoeveel

10 intiem contact ze met hun kind hebben.

Uit het onderzoek dat door de twee Nederlanders wordt gedaan
kunnen al wat voorlopige conclusies getrokken **worden**. Kleine kinderen lijken moeilijke periodes te hebben, **waarin** ze vaak huilen.
Het kind heeft dan vooral behoefte aan de vertrouwde warmte en

15 ademhaling van de moeder of de vader. Als dat lichamelijke contact
ontbreekt, **wordt** het kind agressief of kan het ziek worden.

Het is zelfs mogelijk dat een gebrek **aan** lichamelijk contact nog
ernstigere gevolgen heeft. **Als** het kind groter is geworden, kan het
lichamelijke of psychische problemen **krijgen**. Groeistoornissen,

20 bijvoorbeeld, of gedragsproblemen. De onderzoekers zeggen: '**Je**
geeft een baby nooit teveel aandacht.'

3.2   Ce/il (construction impersonnelle)

Vroeger was het normaal dat kleine kinderen bij hun ouders in bed
sliepen.
Het is de vraag of dat goed is voor kinderen.

En néerlandais, les constructions impersonnelles se construisent avec *het* (ou
parfois *er*); en français, on a pour les constructions impersonnelles les trois pronoms *il*, *ce* et *cela*. (Consultez votre grammaire pour savoir dans quels cas on se
sert de ces trois pronoms.)

Het regent.	*Il* pleut.
Het is onmogelijk dat zij liegt.	*Il* est impossible qu'elle mente.
	(langage soigné ou écrit)
	C'est impossible qu'elle mente.
	(langage familier)
Het is een schande dat zij liegt.	C'est une honte qu'elle mente.

Les exemples montrent que le verbe *être* suivi d'un sujet logique a pour sujet *il*
(ou *ce* dans le langage familier) si l'attribut du sujet est un adjectif, et *ce* si l'attribut du sujet est un substantif. Attention: dans une phrase comme *C'est vrai!*,
il n'y a *pas* de sujet logique, et *ce* n'est pas impersonnel.

---

1 – 'Luister eens! Het is twaalf uur 's nachts. Het is donker.
2 Het regent en het waait.
3 Er is geen mens meer op straat. Dat is normaal.
4 Maar het is niet normaal dat er niemand in de café's is.'
5 – 'Waarom? Moet er dan altijd gedronken worden?'
6 – 'Nee, maar het lijkt mij dat er iets ontbreekt in deze stad.
7 Er staat toch nergens een bord: Het is verboden om uit te gaan?'
8 – 'Het is jammer dat het je hier niet bevalt.'
9 – 'Ja, dat is jammer. Maar zo is het nu eenmaal.
10 Het lukt mij gewoon niet om mij op m'n gemak te voelen als er geen mensen op straat zijn.'
11 – 'Wacht maar: als het dag is, is het hier heel druk.
12 Misschien is het beter om een andere afspraak te maken.'
13 – 'Het spijt mij. Het was niet de moeite waard om hier vanavond naar toe te gaan.'

3.3 L'article

Kleine kinderen lijken moeilijke periodes te hebben.

En néerlandais, l'emploi de l'article est beaucoup moins fréquent qu'en français. Il faut donc assez souvent ajouter un article dans la traduction française.

Supermarkten hebben tegenwoordig altijd brandkasten.	Aujourd'hui, *les* supermarchés ont toujours *des* coffres-forts.

En général, on se sert de l'article défini (*le, la, les*) quand le nom est pris dans un sens général. (Consultez votre grammaire pour les autres cas.)

Huisdieren zijn hier verboden.	*Les* animaux domestiques sont défendus ici.
Suiker is slecht voor de gezondheid.	*Le* sucre est mauvais pour la santé.

On se sert de *des* (article indéfini pluriel) quand le nom pluriel signifie *un certain nombre* d'êtres ou de choses (et donc non pas les êtres ou les choses en général).

Er zijn gisteren problemen geweest.	Il y a eu *des* problèmes hier.

On se sert de *du, de l', de la* (article partitif) quand le nom (non comptable) signifie une partie de la chose (et non pas la chose en général):

Heb je suiker genomen?	Tu as pris *du* sucre?

lichaamsdelen : article défini
adjectif + zelfst.NW: des . etc. art. indéfini.

GP 5.1.2,
5.2.2.1+2
5.2.2.4+5
oef 11.10
ES 5.1.2+3,
5.2.2

1 Kinderen leren veel sneller dan volwassenen.
2 Ouders zouden boeken moeten lezen over het gedrag van pubers.
3 Hij heeft mooi haar. Hij wast zijn haar iedere dag.
4 Er zaten rode haren op het kussen.
5 Ik heb aardappels gekocht voor vanavond, maar eigenlijk houd ik het meest van pasta.
6 In zijn tweede huis heeft hij geen telefoon. Gelukkig heeft hij stromend water.
7 Had hij medelijden met haar? Nee, medelijden is een gevoel dat hij niet kent.
8 Ik houd niet van bier. Maar dat is geen bier, dat is thee!
9 Hij had zijn handen in zijn zakken en hij had tranen in zijn ogen.
10 Zij heeft ervaring op dat gebied en bovendien schrijft ze vaak artikelen over buitenlandse werknemers.

3.4 Quand / si

Als dat lichamelijke contact ontbreekt, wordt het kind agressief: als het kind groter is geworden, kan het lichamelijke of psychische problemen krijgen.

Quand veut dire *wanneer, als* et *toen*, et est temporel:

Wanneer (= op het moment dat) hij komt, ga ik weg.	*Quand* il vient, je pars.
Toen hij kwam, ging ik weg.	*Quand* il est venu, je suis parti.

Si conditionnel veut dire *als, indien*:

Als (= indien, in het geval dat) hij komt, ga ik weg.	S'il vient, je pars.
Als hij zou komen, zou ik weggaan.	S'il venait, je partirais.
Als hij gekomen was, zou ik zijn weggegaan.	S'il était venu, je serais parti.

Quand et *si* sont cependant synomymes quand ils veulent dire *toutes les fois que*:

Als hij kwam, ging ik (altijd) weg.	*Quand* il venait, je partais.
	S'il venait, je partais.

Attention aux verbes! *Quand* ne figure jamais dans une construction avec le conditionnel. *Si* par contre peut figurer dans une phrase dont la principale est au conditionnel. Mais la proposition subordonnée introduite par *si* (l'hypothèse) est dans ce cas suivi de l'imparfait ou du plus-que-parfait (voir les exemples ci-dessus sous *si*)!

Remplissez les blancs:

GP 23.3.3.3+5 1 ..... le père est entré, le bébé a tout de suite cessé de pleurer.
NPW *obs gr* 2 ..... le père était là, le bébé ne pleurerait pas.
XXI,XXIII 3 ..... le père est à la maison, le bébé ne pleure jamais.
oef 8.8, 9.7 4 ..... le père doit s'absenter demain, le bébé pleurera tout le temps.
ES 22.1.1 5 ..... le père a vu le bébé pleurer, il n'a pas pu retenir ses larmes.
6 ..... le père et le bébé pleurent en même temps, la mère ne sait plus quoi faire.

L'accident d'hier.

— (1) il pleut, je lis, car j'adore les bouquins. Mais mon frère n'aime pas lire. Donc — (2) il fait mauvais, on a un problème. Car même *si* je l'aime bien, je ne supporte pas qu'il fasse du bruit pendant que je lis.

L'autre jour, il a mis un disque — (3) je lisais. Je lui ai d'abord demandé: '— (4) est-ce que tu comptes aller dans ta chambre?' Et puis je lui ai demandé s'il avait l'intention d'écouter de la musique encore longtemps. Il ne m'a même pas entendue — (5) je le lui ai dit. Alors je me suis dit: '— (6) il ne me répond pas tout de suite, je lui jetterai mon livre à la figure.'

J'aime bien mon frère, — (7) il ne fume pas, — (8) il ne gueule pas et — (9) il ne raconte pas de blagues. — (10) j'étais raisonnable, je l'aimerais aussi chaque fois qu'il passe des disques. Mais je ne peux pas. — (11) j'ai vu qu'il ne m'écoutait pas, je me suis mise en colère. '— (12) il met un autre disque, me suis-je dit, j'exploserai.' Et en effet, — (13) le disque des Rolling Stones était fini, il a mis Tina Turner.

Alors j'ai crié: '— (14) tu ne m'écoutes pas, tu n'as pas le droit d'écouter de la musique non plus'. — (15) seulement j'avais réfléchi un peu plus! Car — (16) je lui ai flanqué mon livre à la figure, il avait un verre de coca à la main. Alors j'ai entendu un bruit de verre et mon frère qui hurlait. Je n'ai pas osé regarder. — (17) j'ai rouvert les yeux, j'ai vu du sang qui coulait sur son visage. J'étais paniquée.

— (18) il avait porté des lunettes, il aurait pu devenir aveugle! Bien sûr, — (19) j'avais su ce qui allait se passer, je ne lui aurais jamais balancé le livre. — (20) les cicatrices auront disparu, promis, je lui offrirai un disque. Mais — (21) elles ne guérissent pas, jamais plus je ne pourrai oublier ce qui s'est passé.

F-N 3.5 Vie conjugale

1

1 Autrefois, en particulier à la campagne, plusieurs générations vivaient sous le même toit: les époux et leurs enfants, leurs parents et souvent aussi leurs grands-parents. Dans ce système de cohabita-

5 tion, il était évidemment impensable d'épouser quelqu'un qui n'é-
5 tait pas admis par la famille. Les mariages étaient donc généralement 'arrangés' par les parents des jeunes gens. La première moitié
du XXe siècle fut marquée par la disparition de 'la famille élargie[1]'.

Aujourd'hui, la famille se compose uniquement des époux (qui
10 se choisissent librement) et de leurs enfants. C'est le modèle fami-
10 lial[2] prédominant, celui que l'**on qualifie de** 'modèle traditionnel de
la famille'.

On oppose souvent le couple 'moderne' au couple 'traditionnel'.
Dans le couple traditionnel, qui est le plus courant chez les plus de
15 50 ans, la femme ne travaille pas, elle est 'femme au foyer', s'occu-
15 pe de la maison; le mari qui travaille à l'extérieur et gagne l'argent
du ménage ne fait rien à la maison, sauf éventuellement un peu de
bricolage, considéré comme une activité virile. La femme s'occupe
de l'éducation des enfants; le père intervient dans les cas graves de
20 désobéissance, car **c'est lui qui représente** l'autorité.
20 Dans le couple moderne, c'est différent. Le **développement du
travail féminin**, et sans doute aussi la prise de conscience provo-
quée par les mouvements féministes des années 70, ont changé la
nature des rapports dans le couple, où les décisions **sont** désormais
25 prises en commun dans de nombreux domaines.
25 Depuis la fin des années 60, la société française, comme la plupart des pays occidentaux, a connu de profonds changements et il y
a de plus en plus de modèles familiaux différents: diminution du
nombre de mariages, progression de l'union libre, multiplication
30 des divorces, baisse du nombre d'enfants (mais dans le même
30 temps augmentation du nombre de naissances hors mariage),
développement des familles 'monoparentales', accroissement du
nombre de personnes vivant seules.

D'après: *La France d'aujourd'hui*

[1] la famille élargie – ici: extended family
[2] modèle familial – ici: gezinsstructuur

3.6 Participe passé des verbes irréguliers; prépositions

Il était impensable d'épouser quelqu'un qui n'était pas admis par la
famille.
On qualifie ce modèle de 'modèle traditionnel de la famille'.

Donnez le participe passé des verbes entre parenthèses et remplissez les blancs en mettant une préposition:

GP 7.5, 14.2.2,
GP 7.5, 14.2.2,
5.1.4, 14.4
5.1.4, 14.4

1 Willem de Kooning, l'un des plus grands peintres du siècle, est
   (mourir) dans sa maison – Etats-Unis.
2 Il était (atteindre) depuis longtemps – la maladie d'alzheimer.

52

3 Né – Rotterdam, il avait (suivre) les cours du soir de l'académie
   – Beaux Arts de sa ville natale.
4 En 1926, il a émigré – Etats-Unis; d'abord il a (vivre) de travaux
   artistiques commerciaux.
5 Plus tard, il s'est (joindre) – mouvement surréaliste et cubiste.
6 L'actrice française Juliette Binoche a (recevoir) un Oscar pour
   son rôle – *Le Patient anglais.*
7 Elle était très (émouvoir), car elle ne s'était pas (attendre) – cet
   honneur.
8 Avant la cérémonie, elle s'était (taire) – ses chances de battre la
   favorite Lauren Bacall.
9 Au bout de 12 heures de négociations, le problème des subventions accordées – musées municipaux a été (résoudre).
10 Au début, les pourparlers ont (avoir) lieu – une ambiance
   plutôt tendue.
11 C'est que cela n'a pas (plaire) – secrétaire d'Etat, chargé – la
   politique culturelle, que certains directeurs de musée l'aient
   traité – avare.
12 Les deux parties n'avaient pas (prévoir) un succès aussi rapide.
13 Il a été (convenir) que l'Etat prendrait – charge une partie des
   frais d'exploitation des musées.
14 Les accords (conclure) aujourd'hui nécessitent encore l'appro-
   bation du Conseil – Ministres.

3.7 Verbes pronominaux

Aujourd'hui, la famille se compose uniquement des époux et de
leurs enfants.

Parfois il faut traduire un verbe néerlandais *non pronominal* par un verbe *pronominal.*

| Hij merkte dat er niet meer naar hem geluisterd werd. | Il s'est aperçu qu'on ne l'écoutait plus. |

L'inverse se produit également: le verbe néerlandais est pronominal, tandis que
l'équivalent français ne l'est pas.

| Ik realiseerde me niet wat dat betekende. | Je ne réalisais pas ce que cela signifiait. |

N'oubliez pas: tous les verbes pronominaux se conjuguent avec *être* en français.

GP 19 1 Sinds hij zijn been heeft gebroken, moet hij vaak rusten.
oef 12.7 2 Ze verwacht dat jullie elkaar een beetje zullen helpen.
ES 12.2 3 Waar bemoeit Claire zich mee, ze heeft daar helemaal geen ver-
         stand van.

4 Besef je wel dat dat apparaat ons een hoop geld gekost heeft?
5 In het Oud-Frans wordt die letter uitgesproken.
6 Zij viel flauw toen zij zich realiseerde dat ze hem nooit meer zou zien.
7 'Ga zitten en beweeg je niet', riep hij uit.
8 Willen jullie alsjeblieft ophouden te spotten met die arme man?
9 Mijn vader had de gewoonte elke maand een mooi boek voor zichzelf te kopen.
10 Ik vermoedde wel dat hij zou klagen over de ontvangst.

3.8 Substantif <—> verbe

Depuis la fin des années 60, la société française a connu de profonds changements: diminution du nombre de mariages, progression de l'union libre, multiplication des divorces, baisse du nombre d'enfants.

Il y a en français des constructions avec un nom, dites *constructions nominales* qu'il vaut mieux traduire en néerlandais par une construction avec un verbe (une *construction verbale*):

Il mange seul et se couche avant le retour de ses parents.	Hij eet alleen en gaat naar bed voordat zijn ouders terugkomen.
Ces spécialistes ont interrogé une quarantaine de mères sur l'apprentissage du langage par leurs enfants.	Deze deskundigen hebben zo'n veertig moeders ondervraagd over hoe hun kinderen leren spreken.
Maurice va parfois constater l'avancement des travaux.	Maurice gaat soms kijken hoever het werk is opgeschoten.

Traduisez les phrases en rendant les termes en italique de deux manières, d'abord avec un substantif et ensuite avec un verbe:

oef 7.10

1 La société occidentale actuelle se caractérise par *la disparition* des familles nombreuses.
2 Je ne me suis pas tout de suite rendu compte de *la gravité* de ma maladie.
3 Voici les transformations principales dans la société: *l'affaiblissement* des liens familiaux et *la diminution* du nombre de mariages.
4 Ce qu'il nous faut c'est *un renforcement* de notre position commerciale mondiale.
5 *La baisse* du nombre de divorces enregistrée en 1996 est d'autant plus étrange que depuis la Deuxième Guerre Mondiale ce nombre n'avait cessé d'augmenter.

N-F 3.9 Vriendinnen

2

1 De laatste jaren hebben veel psychologen en sociologen vriend-
schapsrelaties bestudeerd en in het bijzonder relaties tussen vriendinnen. 'Vriendschap is belangrijk voor de geestelijke gezondheid
van vrouwen.' Deze conclusie van een Amerikaans **onderzoek** zal
5 niemand verbazen. **Wel valt op dat** vrouwen hun vriendschappen
vaak **lijken** te idealiseren. Wanneer vrouwen **gevraagd wordt** de
kenmerken van een vriendin te beschrijven, **blijken** zij hoge eisen
te stellen: vertrouwen, eerlijkheid, respect, tolerantie en nog veel
meer.

10 Wetenschappers verklaren deze geïdealiseerde verwachtingen
door te stellen dat in onze beschaving de relaties die vrouwen hebben hun gevoel van eigenwaarde[1] bepalen, terwijl mannen hun
eigenwaarde meer aan hun prestaties[2] ontlenen. Vriendinnen hebben **is dus goed voor**[3] het zelfvertrouwen en de vrouw die er niet in
15 slaagt vriendschappen te sluiten voelt zich behalve eenzaam ook
incompetent.

In vriendschappen tussen vrouwen is het belangrijker samen te
zijn dan samen dingen te doen, wat bij mannen belangrijk is. Vaak
praten vriendinnen ook over hun relaties, over hoe zij leven met
20 man, kinderen, familieleden en collega's. Samen met een vriendin
blijkt een vrouw het gevoel te hebben dat ze zichzelf kan zijn en
onbekende kanten van zichzelf kan ontdekken. **Door** gesprekken
met vriendinnen begrijpt zij haar eigen gedachten beter en krijgt zij
nieuwe ideeën.

25 De Nederlandse sociologe Iteke Weeda vindt dat in de huidige
maatschappij het belang van vriendschap onderschat wordt. **Met
minder kinderen in een gezin, minder verplichtingen, minder sta-
biele huwelijken en meer weduwen is er een grotere **kans op** eenzaamheid. Vrouwen moeten niet alles van huwelijk en gezin **blij-
30 ven** verwachten, maar ook de waarde van vriendschappen inzien.
Aangezien vriendinnen anders met elkaar praten dan met hun man,
kan de vriendschap tussen vrouwen **wel** gezien worden als **aanvulling op** het huwelijk.

Naar: *Psychologie*

[1] eigenwaarde – valeur personnelle
[2] prestaties – performances (f), ce qu'ils font
[3] goed zijn voor – ici: renforcer

3.10 Wel

Wel valt op dat vrouwen hun vriendschappen vaak idealiseren.
De vriendschap tussen vrouwen kan wel gezien worden als een
aanvulling op het huwelijk.

Le mot *wel*, fréquent en néerlandais, peut remplir un certain nombre de fonctions dans la phrase. Sa traduction dépendra entièrement du contexte:

1 *Wel* sert à renforcer une opposition et se traduit entre autres par *quand même, malgré tout, par contre, pourtant*:

Het zal moeilijk zijn, maar je moet er wel over praten.	Ce sera difficile, mais tu devras quand même en parler.

2 *Wel* (= *weliswaar*) s'emploie dans une concession et se traduit entre autres par: *il est vrai, avoir beau* + infinitif, *Certes*:

De lonen zijn wel(iswaar) gestegen, maar dat verklaart niet alles.	Les salaires ont augmenté, il est vrai, mais cela n'explique pas tout.

3 *Wel* en tête de phrase se traduit entre autres par la formule *Ce qui/ce que ....., c'est que* + *cependant, mais, en tout cas*:

Wel is het vreemd dat	Ce qui est curieux cependant, c'est ...

4 *Wel* peut accompagner un verbe au futur exprimant une probabilité et ne se traduit pas:

Hij zal wel ziek zijn.	Il sera malade.
(= hij is waarschijnlijk ziek).	Il doit être malade.

5 *Wel* est uniquement adverbe de soutien et ne se traduit pas:

Ik ken hem wel, maar ik weet zijn naam niet meer.	Je le connais, mais je ne me rappelle plus son nom.

6 Quelques cas spéciaux:

Ik mag hem wel (graag).	Je l'aime bien.
cf. Ik ben erg op hem gesteld.	Je l'aime beaucoup.
Ik wil er (best) wel naar toe.	Je veux bien y aller.
cf. Ik wil er graag naar toe.	J'aimerais beaucoup y aller.
Hij houdt niet van opera's. Ik wel!	Il n'aime pas l'opéra. Moi, si!
Ik hoop van wel.	Je (l') espère bien.
We zien wel!	On verra bien!

1 Wel dient opgemerkt te worden dat vrouwen steeds later kinderen krijgen.
2 Het is wel een rare vent, maar zij is dol op hem.
3 Ik verwachtte wel dat hij woedend op haar was.
4 Eerst wilde Frans naar huis, maar tenslotte is hij wel met ons meegegaan.
5 Zijn ouders zullen hem wel toestemming gegeven hebben om geld van zijn oom te lenen.
6 Charles moppert vaak op zijn vriendin, maar hij houdt wel van haar.
7 Hij kan wel zeggen van wel, maar ik weet dat het niet waar is.
8 Hoewel zij weinig geld heeft, gaat ze wel vaak op vakantie.
9 Wel zal het moeilijk voor haar zijn haar ongelijk te erkennen.
10 Paul was wel een beetje koel tegen mij. Toch zou ik hem graag nog eens willen zien.

3.11 Kans

Er is een grotere kans op eenzaamheid.

Kans se traduit de plusieurs façons selon le contexte où il se trouve:

De kans bestaat dat ...	Il y a *des* chances (pour) que (+ sub-jonctif)
De kans dat hij komt is klein.	Il y a peu de chances (pour) qu'il vienne.
De kans lopen (negatief: een been te breken)	Courir le risque de (se casser une jambe).
Kans zien om	Trouver moyen de (faire qch.).
Gebruik maken van de kans om (de gelegenheid om)	Saisir l'occasion de (faire qch.).

---

1 Zo loop je de kans de deur uitgezet te worden.
2 De kans is groot dat de belastingen volgend jaar zullen stijgen.
3 Ze hebben de kans aangegrepen om over hun probleem te spreken.
4 Er is weinig kans dat hij haar voorstel zal accepteren.
5 Ze hebben kans gezien om zich van die collega te ontdoen.
6 Ik heb de kans niet gekregen om mijn excuses te maken.
7 Je maakt kans te slagen als je van nu af aan je huiswerk maakt.
8 Het is een gemiste kans, maar eigenlijk heb je nog geluk gehad.
9 Er is kans op een verslechtering van de situatie.
10 Er is kans op een verbetering van de situatie.

3.12 Blijken / schijnen / lijken

Vrouwen lijken hun vriendschappen te idealiseren.
Zij blijken hoge eisen te stellen.

Blijken, *lijken* et *schijnen* se traduisent entre autres par:

blijken: s'avérer (+adjectif), il s'avère que, se trouver (+être/avoir), (il se trouve que)

Hij bleek minder agressief te zijn dan vroeger.	Il s'est avéré moins agressif qu'autrefois.
	Il s'est avéré qu'il était moins agressif qu'autrefois.

blijken uit iets: qch+(dé)montrer, qch+prouver, il ressort de qch (que)

Uit zijn gedrag blijkt dat hij gemeen is.	Son comportement (dé)montre (prouve) qu'il est méchant. Il ressort de son comportement qu'il est méchant.

lijken: avoir l'air (+ adjectif ou + *de* + *infin.*), paraître/sembler, il semble que, il me semble que

Hij lijkt gemener dan hij is.	Il a l'air plus méchant qu'il (ne l') est. Il semble plus méchant qu'il (ne l') est.
Het lijkt mij beter om niet te vertrekken.	Il me semble qu'il vaut mieux ne pas partir.

het lijkt wel (of): on dirait (que); *het leek wel (of):* on aurait dit (que)

schijnen au sens de *on dit que, j'ai entendu dire que* se traduit par *il paraît que* (+ indicatif)

Het schijnt dat hij soepeler is dan vroeger.	Il paraît qu'il est plus souple qu'avant.

NPW blijken,	1 Ze lijken niet erg gelukkig te zijn.
lijken,	2 Caroline blijkt het contact met hem te vermijden.
(er) uitzien	3 Het schijnt dat hij Paul toevertrouwd heeft dat hij haar bedrogen heeft.
oef 9.11	
	4 De sfeer bleek meer ontspannen te zijn dan een week eerder.
	5 Het lijkt mij dat Anna het initiatief moet nemen.
	6 Uit de cijfers blijkt dat heel veel Fransen een huisdier hebben.
	7 Het leek wel of hij meer interesse had voor zijn werk dan voor zijn vrouw.
	8 Hij schijnt tevreden te zijn met zijn lot.
	9 Het blijkt onmogelijk het eens te worden over een nieuwe datum.
	10 Uit het politieonderzoek bleek dat de zwager van het slachtoffer de moord had gepleegd.

F-N 3.13 La naissance de l'enfance

Traduisez les alinéas marqués d'un astérisque *.

2

1   Notre vieille société traditionnelle se représentait mal l'enfant, et encore plus mal l'adolescent. La durée de l'enfance était réduite à sa période la plus fragile, quand l'enfant ne parvenait pas à se suffire; à peine physiquement développé, il était au plus tôt mêlé aux adul-

5   tes, partageait leurs travaux et leurs jeux. De très petit enfant, il [ou elle] devenait tout de suite un homme jeune, [une femme jeune],

sans passer par les étapes de la jeunesse, qui étaient peut-être pratiquées avant le Moyen Age et qui sont devenues des aspects essentiels des sociétés évoluées d'aujourd'hui.

10 La transmission des valeurs et des savoirs, et plus généralement la socialisation de l'enfant, n'étaient donc pas assurées par la famille, ni contrôlées par elle. L'enfant s'éloignait vite de ses parents, et on peut dire que, pendant des siècles, l'éducation a été assurée par l'apprentissage, grâce à la coexistence de l'enfant ou du jeune hom-

15 me et des adultes. Il apprenait les choses qu'il fallait savoir en aidant les adultes à les faire.

Cependant, un sentiment superficiel de l'enfant était réservé aux toutes premières années, quand l'enfant était une petite chose drôle. On s'amusait avec lui comme avec un animal, un petit singe impu-

20 dique. S'il mourait, comme cela arrivait souvent, quelques-uns pouvaient s'en désoler, mais la règle générale était qu'on n'y prît pas trop garde, un autre le remplacerait bientôt. Il ne sortait pas d'une sorte d'anonymat.

Les échanges affectifs et les communications sociales étaient

25 donc assurés en dehors de la famille, par un «milieu» très dense et très chaud, composé de voisins, d'amis, de maîtres et de serviteurs, d'enfants et de vieillards, de femmes et d'hommes, où l'inclination jouait sans trop de contrainte. Les familles conjugales étaient diluées dans ce réseau de liens affectifs. [Cela ne veut pas dire que

30 l'amour était toujours absent au sein des familles: il était au contraire souvent reconnaissable, parfois dès les fiançailles, plus généralement après le mariage. Mais le sentiment entre les époux, entre parents et enfants, n'était pas nécessaire à l'existence ni à l'équilibre de la famille: tant mieux s'il venait par surcroît.]

35 * A partir de la fin du XVIIe siècle, un changement considérable est intervenu dans les moeurs. D'abord, dans le domaine de l'éducation, l'école **s'est** substituée à l'apprentissage[1]. Cela veut dire que l'enfant **a cessé de** vivre parmi les adultes et d'apprendre la vie directement à leur contact. Malgré beaucoup de réticences, il est

40 séparé des adultes, et il est maintenu à l'écart dans une manière de quarantaine, avant d'être lâché dans le monde. Cette quarantaine, c'est l'école. Ainsi commence un long processus aboutissant à l'enfermement des enfants (comme des fous, des pauvres et des prostituées) qui ne cessera plus de s'étendre jusqu'à nos jours et qu'on

45 appelle la scolarité obligatoire.

* Cette mise à part des enfants n'aurait pas été possible sans une mutation de la vie sentimentale des membres de la famille, et c'est le second changement qui intervient. La famille est devenue un **lieu d'affection**[2] entre les époux et entre parents et enfants, ce qu'elle

50 n'était pas auparavant. Cette affection s'exprime surtout par le droit désormais reconnu à l'éducation. **Sentiment tout à fait nouveau**: les parents s'intéressent aux études de leurs enfants et les suivent avec une sollicitude **habituelle aux XIXe et XXe siècles, mais**

inconnue autrefois. En même temps, la scolarité **mène à la retraite**
de la famille loin de la rue, de la place, à l'intérieur d'une maison
mieux aménagée pour l'intimité.

55

*   La famille **s'organise** donc autour de l'enfant. Elle lui donne une
importance telle qu'on ne peut pas sans grande peine le perdre et le
remplacer, et qu'il convient de limiter son nombre pour mieux s'en
occuper. **Rien d'étonnant à ce que** cette révolution scolaire et sentimentale s'accompagnât à la longue d'une réduction volontaire des
naissances, **observable** dès le XVIIIe siècle.

60

D'après: Ariès, *L'enfant et la vie familiale sous l'Ancien Régime*

[1] Vertaal: systeem waarbij men bij iemand in de leer ging

[2] Vervang de nominale constructie 'lieu **d'affection**' door een verbale constructie
(bijvoeglijke bijzin bij 'lieu'): 'een plek **waar** ...'.

3.14   Cultures vice versa

Individualisme français et culture de groupe néerlandaise?

Comme les sociétés en général, les modes d'éducation ont actuellement tendance à se rapprocher les uns des autres en Europe occidentale. Cependant, aujourd'hui encore, des différences se manifestent. Elles apparaissent d'abord dans les rapports du petit enfant
avec sa famille. Traditionnellement, le jeune Français fait auprès des
siens l'expérience de l'affection, de la protection mais aussi de l'autorité; l'éducation française laisse peu de place à l'initiative ou à la
discussion. L'enfant néerlandais ne reçoit sans doute pas moins de
chaleur humaine; mais il apprend beaucoup plus tôt à 'négocier'
avec ses parents sur le mode du troc, du 'donnant-donnant'. Il
apprend ainsi plus vite à assumer ses propres décisions.
    Ces tendances sont accentuées par l'école. En France, l'école,
lorsqu'elle fonctionne bien, dispense une formation assez intellectuelle où l'histoire et la littérature servent de base à la réflexion. Elle
est l'héritière lointaine, à travers les collèges de Jésuites, de la tradi-
tion humaniste. En même temps, elle développe le sens de la
compétition et confronte l'enfant à un ordre hiérarchique assez
strict. Ainsi, à l'issue des rites de passages que sont les examens, les
élèves sont classés sur des listes indiquant les résultats, du premier
jusqu'au dernier, du meilleur jusqu'au plus mauvais: on connaît
exactement sa place dans l'ordre hiérarchique des connaissances.
Aux Pays-Bas, la 'culture' fournie par l'école recouvre une information plus factuelle et plus générale, et comprend une forte part d'apprentissage social sous la forme d'activités réalisées en commun.
Cet 'épanouissement social' constitue un certain élément fonda-
mental de l'identité culturelle néerlandaise. Dans le modèle fran-

çais, l'individu est seul face à une société assez dure, qui peut le broyer mais lui permettre aussi, sur la base de son mérite intellectuel, une forte promotion; dans le modèle néerlandais, l'individu est pris dans un réseau de relations de sociabilité qui le protègent, le soutiennent, mais constituent aussi une forme d'encadrement sans coercition, en proposant des modèles de comportement. Conformément aux principes d'éducation développés dès l'enfance, la société néerlandaise n'intervient pas de façon très visible pour 'protéger l'individu contre lui-même'. Elle délègue plutôt cette tâche à des groupes intermédiaires, aux négociations entre individus et représentants de groupes, qui assurent en douceur, mais non sans pression idéologique parfois, le 'contrôle social'.

Par conséquent, les attitudes face à l'autorité restent radicalement différentes, même si de nos jours les différences disparaissent quelque peu. Le Français adoptent envers l'autorité une attitude qui connaît deux faces: soit on s'incline devant ce qui vient d'une personne qui est placée plus haut dans la hiérarchie, on suit, on approuve; soit on refuse, ce qui mène inévitablement à la révolte, à l'insoumission ouverte et parfois violente. Aux Pays-Bas, rien de tel: qu'on accepte ou qu'on rejette l'avis d'une autorité à un moment donné, on veut en connaître les raisons, parlementer, peser le pour et le contre. Le Néerlandais veut être convaincu. L'obéissance et la désobéissance sont alors toutes les deux moins radicales: il n'y a ni obéissance directe, inconditionnée, ni désobéissance et révolte inconditionnée. Pour se convaincre de cette différence fondamentale, il n'y a qu'à voir les policiers dans les deux pays et le comportement des citoyens envers eux. Un coup de sifflet suffit en France, et dans un cas de désobéissance ou simplement d'hésitation, le policier, agent de la République, demande à voir la carte d'identité ou passe tout de suite aux mesures punitives. Aux Pays-Bas, le policier intervient en indiquant au citoyen les dangers de sa conduite.

Naar: Philippe Noble, *Néerlandais et Français: le grand malentendu?*
Une approche culturelle, in: En route, 1997

Ecrivez un texte dans lequel vous commencez par rappeler brièvement l'idée exposée dans ce texte par Philippe Noble, grand traducteur français de la littérature néerlandaise et ancien directeur de la Maison Descartes, l'institut culturel français d'Amsterdam. Décrivez ensuite vos propres expériences, en famille, à l'école primaire ou au lycée (aux Pays-Bas, et peut-être aussi en France) pour vérifier si en effet votre cas pourrait servir d'exemple à la théorie de Noble ou si au contraire votre expérience va à l'encontre de l'idée énoncée par l'auteur. (1 à 2 pages)

3.15 Ecrivez

A1 Résumez le texte 3.13 en français en 200 mots.

A2 Ecrivez un poème de vingt vers sur le thème de l'amour ou de l'amitié. La rime n'est pas nécessaire. Mais rappelez-vous que la poésie diffère du texte en prose. Le poète néerlandais Nijhoff l'a exprimé ainsi: 'Lees maar, er staat niet niet wat er staat'; en d'autres termes, le poète sait taire certains éléments. Vous pouvez être aussi poète que Nijhoff ou bien écrire dans le style 'Candlelight'.

A3 Responsable de la rubrique du courrier du coeur dans un magazine féminin, que répondriez-vous à cette jeune lectrice? (environ 300 mots).

Chère Denise,

J'ai longtemps hésité à vous écrire mais voilà je ne sais vraiment pas quoi faire. J'ai 17 ans et mon copain a 29 ans. Il est ingénieur et la semaine dernière il a appris qu'il avait la possibilité d'obtenir un poste super intéressant pendant un an à Hong-Kong. En principe, il doit partir début avril et m'a demandé de venir avec lui. J'hésite. Mes parents ne l'aiment pas beaucoup parce que l'année dernière pendant les vacances, il est sorti avec ma cousine mais maintenant c'est fini, il dit qu'il m'aime et qu'il règlera tout, que je n'aurai rien à faire, que je pourrai rester tranquille à la maison. En plus, en principe je devais passer mon bac en juin mais de toutes façons ça marche pas très fort en classe et puis j'ai peur que mon copain n'attende pas si longtemps. Que faut-il que je fasse?

Caroline.

4 Tout passe, tout lasse, tout casse

LMQF 9, 10, 11   *le temps, l'espace*

1

1   Op het eerste gezicht is het **begrip 'tijd'** voor alle Europeanen hetzelfde. Wij verdelen de tijd immers allen **in** minuten, uren, dagen,
maanden of jaren. Sommige volkeren in andere continenten, de
Chinezen bijvoorbeeld, lijken echter eerder te denken in eeuwen,
5   terwijl de Noord-Amerikanen de tijd liever in kleinere gedeelten
verdelen, **wat** beter met de mentaliteit 'tijd is geld' overeenkomt.
Hoe het ook zij, men constateert grote verschillen tussen Noord- en
Zuid-Europa, en dus ook tussen Nederland en Frankrijk.

De Nederlanders zijn in het algemeen nogal precies wat betreft
10   het gebruik van hun tijd. Dat zie je duidelijk in het openbare leven,
bijvoorbeeld het openbaar vervoer; treinen komen meestal **op tijd**
aan, congressen, openbare manifestaties en zelfs colleges beginnen
op tijd.

Hoewel de Fransen het Spaanse **begrip 'mañana'** niet kennen,
15   zijn ze toch veel soepeler dan de Nederlanders in hun tijdsindeling[1].
De grootste verschillen vindt men niet in het openbare leven (ook in
Frankijk vertrekken de meeste treinen op tijd). Wanneer twee
Fransen een afspraak maken, is een marge van een kwartier echter
niets ongewoons, vooral als het gaat om informele afspraken. Als
20   men daarentegen meer dan een uur te laat is, moet men echt zijn
excuses aanbieden. **Alleen in Parijs** en de grote steden in de pro-
vincie kan men **het** zich veroorloven te laat te komen en een ver-
ontschuldiging als: 'Sorry, maar ik zat vast in de file[2]' wordt altijd
geaccepteerd.

25   De Nederlandse zakenmensen hebben meer afspraken per dag
dan hun Franse collega's. Men is in Frankrijk bovendien meer
gewend om te wachten. Het begrip wachten wordt eigenlijk anders
opgevat[3]. In de Noordeuropese zakenwereld wordt wachten beschouwd als een verspilling van tijd. Een rij bij de bakker of in een
30   restaurant betekent over het algemeen dat de eigenaar niet kan
organiseren. In Frankrijk denkt men eerder dat het product van zo
goede kwaliteit is dat de mensen **het** niet vervelend vinden in de rij
te staan.

Er is nog een verschil: de lunch neemt in Frankrijk een belang-
35   rijke plaats in. Men verdeelt de dag in perioden vóór de lunch en
erna: 'We zien elkaar na de lunch' of: 'Ik bel u morgen vóór de
lunch'.

Naar: M.J. Browaeijs, *Business Class Frankrijk*

[1] hun tijdsindeling – l'organisation de leur temps

[2] in (de file) vastzitten – être pris dans; être bloqué dans

[3] opvatten – percevoir, ressentir

4.2 Mise en évidence/ordre des mots

Dat zie je duidelijk in het openbare leven.

En français, on ne peut pas, comme en néerlandais, utiliser un accent sur un nom ou un pronom afin de le mettre en relief. Si l'on veut mettre l'accent sur un des éléments de la phrase, le plus souvent, on ne peut pas non plus placer celui-ci en début de phrase. On aura souvent recours à une *périphrase grammaticale* (c'est ....qui/que, ce qui/ce que etc.):

Hèm heb ik gisteren gezien, haar niet.	*C'est* lui *que* j'ai vu hier, pas elle.
En dàt zijn ze juist vergeten te doen.	Et *c'est* justement *ce qu'*ils ont oublié de faire.
Ik weet dat híj dat werkstuk geschreven heeft.	Je sais que *c'est* lui *qui* a écrit cette dissertation.
Ik weet alleen dat hij dàt werkstuk geschreven heeft.	Je sais seulement que *c'est* cette dissertation(-là) *qu'*il a écrite.

GP 29.2.1.2
30
oef 5.3, 8.6, 11.9
ES 20.3, 20.4,
18.2

1 Vooral in Noord-Europa is het van belang om op tijd te zijn.
2 Ik weet het niet zeker, maar Pauline zegt dat híj het heeft gedaan.
3 Coffeeshops zijn er niet alleen in Amsterdam, maar dáár komen wel de meeste toeristen.
4 Waarschijnlijk heeft híj de beste oplossing voorgesteld.
5 En dàt is belangrijk voor het toerisme.
6 Altijd als het mooi weer wordt, word ik ziek!
7 Hoewel Van Gogh een Nederlandse schilder is, is hij in Frankrijk het meest populair.
8 Claude is een heel goede student, maar dit jaar heeft Annie de beste resultaten behaald.
9 Vandaag, en niet morgen, moet je hem opbellen, want het is dringend.
10 En dàt geloof ik nu juist niet.

4.3 (Op) tijd, te laat, dag, jaar etc.

In Parijs kan men het zich veroorloven te laat te komen.

NPW *dag jaar*
laat tijd
oef 2.2, 7.3, 8.3

1 Iedere dag komt hij langs om met me te kletsen. Ik vind dat fijn, maar hij moet niet de hele ochtend blijven!
2 De voorstelling begint om zeven uur precies. Je moet op tijd zijn!
3 Ik heb geen tijd om vanavond bij hem langs te gaan. Ik moet van zes tot tien uur werken.

4   Afgelopen maandag kwam ik te laat op mijn werk. Daarom ben ik de dag daarna tot zes uur gebleven.

5   Volgende week donderdag heb ik met Pierre afgesproken om met hem tussen de middag iets te gaan eten.

6   's Middags gaan we naar de film, als hij tijd heeft.

7   Vorig jaar ben ik veertien dagen in Londen geweest, daarna heb ik een paar dagen bij vrienden in Oxford gelogeerd.

8   Ik was net op tijd om de kinderen te waarschuwen.

9   Het was een leuke avond. Ik hoop dat we de komende jaren nog vaak zullen samenwerken.

10   Die ochtend is hij nog op kantoor geweest.

4.4   Het / er als 'pronom provisoire'

Men kan het zich niet veroorloven te laat te komen.
De mensen vinden het niet vervelend in de rij te staan.

Contrairement au néerlandais, on n'utilise pas, en français, le pronom provisoire ayant pour fonction d'annoncer le c.o.d., le c.o.i. ou le complément de l'adjectif. Il ne peut y avoir la redondance du complément. Le pronom est utilisé uniquement pour *remplacer* un groupe nominal ou une phrase.

(Ik wilde zanger worden.) Ik heb *er* vaak *van* gedroomd.

Attention: Ik heb *er* vaak *van* gedroomd om zanger te zijn.

(Hij is altijd te laat.) Ik heb *het* gemerkt.

Attention: Ik heb *het* gemerkt dat hij altijd te laat is.

(Je voulais être chanteur.) J'*en* ai souvent rêvé.

J'ai souvent rêvé d'être chanteur.

(Il est toujours en retard.) Je l'ai remarqué.

J'ai remarqué qu'il est toujours en retard.

GP 13.4.5

NPW obs gr IV

1   Ik vind het onacceptabel dat hij altijd te laat komt.

2   Hij droomt ervan tijdens de vakantie naar de Alpen te gaan.

3   Ik betreur het dat zij er nooit aan denken u op te bellen.

4   Zij zijn er teleurgesteld over dat hij zo weinig werkt.

5   Denk je eraan de wekker te zetten?

6   Hij is er zeker van dat hij de tijd heeft dat werk in te halen.

7   Wat zou je ervan denken om onze reis uit te stellen tot eind november?

8   Ik zal het mijn vriendin zeggen dat deze datum slecht uitkomt.

9   Het verbaast me niet dat je er nog niet aan gewend bent om links te rijden.

10   Ik heb er genoeg van mijn kostbare tijd te verspillen!

1

1 Personne n'ignore que Louis XIV était un monarque qui décidait de
tout. **Aussi lui prête-t-on** ce mot symbolique du pouvoir absolu:
'L'Etat, c'est moi!' Or, curieusement, dans notre démocratie où chacun doit compter avec l'opinion de l'autre, on peut **parfaitement**

5 dire à chaque citoyen: 'L'Etat, c'est vous aussi...' Car l'Etat n'est pas
ce 'dieu tout-puissant' que l'on voit parfois en lui. Ceux qui dé-
tiennent le pouvoir politique, élus, fonctionnaires de tout niveau,
sont en réalité au service de l'Etat. L'Etat est une notion abstraite, il
est vrai, mais une notion qui **s'appuie sur** une réalité: *le territoire*

10 *national*.

Le territoire national est délimité par les frontières. **Toute personne** qui vit à l'intérieur de ces limites, même sans être de natio-
nalité française, est **subordonnée à** la législation et à la réglementation en vigueur. Font partie du territoire national: **le sous-sol**, les

15 eaux territoriales, habituellement entre 3 et 12 milles marins des
côtes, et l'espace aérien qui est au-dessus.

Avec une superficie de 551 694 km², la France représente environ
1/18ᵉ de l'Europe. Superficie modeste donc, mais qui en fait tout de
même le pays le plus étendu de l'Europe de l'Ouest. **Ses** 58 millions

20 d'habitants, dont quelque 4 millions d'étrangers, ne représentent
que 1,17 % de toute la population du globe.

Sa capitale, Paris, comptait, estime-t-on, 25 000 habitants en 59
avant J.-C., du temps où **elle** s'appelait Lutèce. **Elle** en **abrite**
aujourd'hui *intra muros* plus de 2 millions, mais **elle** est surtout le

25 noyau d'une agglomération urbaine qui regroupe environ 10 millions de personnes.

C'est seulement à l'avènement d'Hugues Capet, en 987, que se
forma l'unité de la France jusque-là divisée; d'une part, le 'domaine
royal' (les terres où le roi régnait personnellement) et d'autre part,

30 les grands Etats féodaux à la tête desquels se trouvaient les **vassaux**
du roi. La dynastie capétienne a donc établi l'unité de gouvernement et a agrandi le domaine royal.

Le territoire national ne se limite pas à l'hexagone européen. **Dès**
le règne de François Ier, au XVIe siècle, la France essaye de devenir

35 une grande puissance coloniale, comme le font, au même moment,
la Grande-Bretagne et la Hollande. **Elle s'implante** d'abord en
Amérique du Nord, et ajoute, sous Louis XIV, la Louisiane à ses pos-
sessions américaines.

Aujourd'hui, la France n'a plus de colonies, mais 4 départements

40 d'outre-mer et 4 territoires d'outre-mer (les DOM-TOM): de petits
morceaux de la France aux quatre coins du monde.

D'après: *Guide du citoyen d'aujourd'hui*

4.6   Numéraux

Attention: Tous les numéraux sont invariables. *Mille* est donc invariable. *Vingt* et *cent* par contre sont variables, sauf s'ils sont suivis d'un autre cardinal.

Cette gravure coûte moins de *quatre cents* florins, *trois cent cinquante* florins pour être exact.
Par contre, ce tableau est beaucoup plus cher. Il coûte *trois mille* florins.

Traduisez et écrivez les nombres en toutes lettres:

GP 8.1, 8.2
oef 10.4
ES 8.1, 8.2

1   In deze streek zijn 81 boerderijen door de bliksem getroffen.
2   De bedding van het riviertje was over een lengte van tweehonderd meter bedekt met grote stenen.
3   Tijdens de regering van Lodewijk de Veertiende werden daar drieduizend bomen geplant.
4   De tientallen dalen in deze streek zijn nauw en diep.
5   Door de zure regen zijn tienduizenden vogels uit dit gebied verdwenen.
6   In deze onderaardse grot hebben miljoenen waterdruppels een soort standbeeld gevormd.
7   In de jaren vijftig is er vlakbij het dorp een stuwdam gebouwd.
8   Tijdens de storm heeft driekwart van de kust te lijden gehad van de golven.
9   Vanaf de top van de heuvel kun je de eerste drie watervallen zien.
10 In dit dorp is één op de drie vissers zonder werk.

4.7   Adjectif possessif et pronom personnel

La France est le pays le plus étendu de l'Europe de l'Ouest.
Ses 58 millions d'habitants représentent 1,17 % de la population mondiale.

En français, l'emploi de l'adjectif possessif pour un possesseur *inanimé* est assez fréquent. En néerlandais, on préfère l'éviter, et on utilise par exemple *ervan* ou *l'article défini*, ou l'on *répète le nom* auquel renvoie l'adjectif possessif.

Connaissez-vous Tours? La ville vaut le détour et ses environs aussi sont magnifiques.	Kent u Tours? De stad is een omweg waard en ook de omgeving (ervan) is schitterend.
Ses terrasses, ses restaurants et ses magasins d'antiquités attirent beaucoup de touristes.	De terrassen, de restaurants en de antiekwinkels (van de stad) trekken veel toeristen.

Lorsqu'un pronom personnel reprend un nom, il s'accordera en genre et en nombre avec ce nom. Attention: souvent en néerlandais le nom sera d'un genre différent et en outre le néerlandais évite souvent l'emploi de *hij* ou *zij*, renvoyant à un nom de chose.

Connaissez-vous sa maison?	Kent u zijn huis? *Het* is een bezoek
Elle vaut la visite.	waard.
Il a acheté une voiture de sport.	Hij heeft een sportwagen gekocht.
Il paraît qu'elle est très rapide.	Het schijnt dat *die* (*die auto*) erg snel is.

GP 9.3.1,
9.3.2+3,
9.1.6, 13.4
oef 10.7
ES 7.3.2

1 Sa lettre m'a attristé. Elle m'est parvenue au moment où je terminais mon dernier roman.

2 Bien que la forêt française couvre un quart du territoire national, son exploitation commerciale est limitée.

3 Pendant six semaines, l'équipe du matin a été en grève. Hier, elle a repris le travail.

4 L'Allemagne a rappelé son ambassadeur à Téhéran. Elle déconseille à ses ressortissants de se rendre en Iran.

5 Critiqué à l'origine pour son architecture provocatrice, cet édifice est devenu un des monuments les plus populaires de la ville.

6 La chaîne de télévision MTV a mis au point une nouvelle technique qui lui permettra de vendre ses émissions par ordinateur.

7 Même si ses adversaires critiquent la commercialisation qui accompagne son succès, le Centre Pompidou offre une nouvelle manière d'accéder à la culture.

8 La technique du clonage est relativement simple et il ne faut pas croire qu'elle ne sera jamais appliquée à l'espèce humaine.

9 Ce projet est excellent, son succès me réjouit.

10 L'entreprise espère pouvoir vendre ses produits à plus d'un million de clients dans le monde entier. Dans un avenir proche, elle envisage de collaborer avec plusieurs laboratoires.

4.8 Géographie

Le territoire national ne se limite pas à l'hexagone national.
La France n'a plus de colonies, mais quatre départements d'outre-mer et quatre territoires d'outre-mer.

Choisissez le mot ou groupe de mots qui convient:

LMQF 11

1 Au sud des collines de l'Artois – les vastes horizons picards.
figurent / s'étendent / se caractérisent par

2 La Creuse – le Massif Central comme la Loire et l'Allier.
ne prend pas sa source / ne se jette pas dans / ne traverse pas

3   Certains – français comme les Vosges et le Massif central datent
    de l'ère primaire.
    massifs / collines / sommets arrondis
4   Dans l'ouest de la France les champs et les prés sont entourés
    de haies; c'est le paysage –.
    de campagne / rural / de bocage
5   La France s'inscrit à peu près régulièrement dans une figure à
    six côtes, –, dont le centre se situe à Bruère-Allichamps.
    l'hexagone / la Métropole / les DOM-TOM
6   Le bras de mer qui sépare l'Angleterre et la France s'appelle –.
    le Pas-de-Calais / la Manche / la baie de Douvres
7   Les bancs de sable dans la Loire font que ce fleuve est –
    important pour la navigation / peu navigable / un affluent peu
    accessible
8   La côte normande près d'Etretat est connue pour ses – pittores-
    ques qui forment une sorte de mur dominant la mer.
    falaises / dunes / baies
9   Des hivers doux et des étés frais, voilà ce qui caractérise le cli-
    mat – continental / montagnard / océanique
10 Voici quelques – en France: les Alpes, les Pyrénées et le Jura.
    chaînes de montagnes / pentes / ensembles montagnards

N-F   4.9   De leegloop van het Franse platteland

2

1   La Bretaudière, een dorpje **dat** verscholen ligt in de groene heuvels
    van Midden-Frankrijk, wordt alleen op de gedetailleerde IGN-kaar-
    ten aangegeven en er **zullen** dezer dagen niet veel vakantiegangers
    zijn die het met een bezoek vereren. Waarom zouden ze ook? Er is
5   niets te zien en het dorp heeft nog maar twee inwoners.
       La Bretaudière ligt in het departement Creuse, ten noordoosten
    van het Centraal Massief. Dit departement, **genoemd naar** de rivier
    die er doorheen stroomt, is het armste departement van Frankrijk.
    En **omdat** de meeste jongeren er zijn weggegaan, is het ook de
10 streek waar de gemiddelde leeftijd het hoogst is van heel Europa.
    De Creuse is even groot als Noord- en Zuid-Holland samen, maar
    het aantal inwoners is **lager** dan in Dordrecht. Uit de laatste volks-
    telling **bleek** dat er **nog maar** 130.000 mensen woonden.
       De Creuse en La Bretaudière zijn kenmerkend voor de situatie
15 op het Franse platteland: twee op de tien Fransen wonen op het
    platteland, tegen acht op de tien aan het begin van deze eeuw. De
    Ardennen, de Limousin, de Cevennen, de Corbières, evenzovele
    streken die gekenmerkt worden door ontvolking; nauwelijks dertig
    zielen per vierkante kilometer, van wie er tien **ouder dan** zestig jaar
20 zijn. Zes miljoen hectare bouwland ligt braak, **tweemaal zo veel als**
    in 1950. Het aantal hectares bos groeide in dezelfde periode van elf
    naar vijftien miljoen hectare. Het aantal boerenbedrijven is gehal-
    veerd.

De trek naar de grote stad werd onder andere veroorzaakt door
25 de mechanisatie van de landbouw, **wat** een algemeen verschijnsel is
in Europa. Maar terwijl in Nederland heel wat stedelingen op het
platteland zijn gaan wonen, gaat in Frankrijk daarentegen de ont-
volking door, omdat de dorpen vaak te ver verwijderd liggen van
de stad (waar werk is). Het INSEE voorspelt dan ook dat de mees-
30 te gemeenten van **minder dan** honderd inwoners over vijftien jaar
verlaten zullen zijn.

Naar: *Brabants Nieuwsblad*

4.10 Pronoms relatifs: qui – que – ce qui – ce que – dont

De trek naar de grote stad wordt veroorzaakt door de mechanisatie,
wat een algemeen verschijnsel is in Europa.
La Bretaudière is een dorpje dat verscholen ligt in de groene heuvels.

Le choix du pronom relatif en français est déterminé par sa fonction grammaticale dans la subordonnée. Lorsqu'il s'agit du sujet, on emploie *qui* et lorsqu'il
s'agit d'un COD, on emploie *que*, sans se soucier de savoir si l'antécédent est une
personne ou une chose.

De jongen die naast Sophie staat,	Le garçon *qui* est à côté de Sophie,
is de broer van mijn vriendin.	(c')est le frère de mon amie.
De jongen die je naast Sophie ziet,	Le garçon *que* tu vois à côté de Sophie,
is de broer van mijn vriendin.	(c')est le frère de mon amie.

Le pronom relatif néerlandais *wat* se traduit en français par *ce qui* ou *ce que* en
obéissant à la même règle.

Ik weet niet wat hij denkt.	Je ne sais pas *ce qu'*il pense.
Ik weet niet wat belangrijk is.	Je ne sais pas *ce qui* est important.

Dont s'emploie lorsque le verbe de la subordonnée se construit en français avec
la préposition *de*.

Het probleem waarover zij praat,	Le problème *dont* elle parle est connu
is bekend.	(*parler de* quelque chose).

Remplissez les blancs en employant un pronom relatif:

GP 11.12
NPW obs gr
IX.B
oef 5.2
ES 7.5.1, 7.5.3

1 Du temps où j'étais étudiante, je ne savais pas – je voulais faire
plus tard.

2 Je ne sais pas – se passe aujourd'hui, mais tout va de travers: la
personne – je t'ai parlé hier et – devait arriver à 10 heures, n'est
toujours pas là.

3　J'ai entendu dire à la radio qu'il y avait eu un accident sur l'autoroute – provoquait un bouchon d'une dizaine de kilomètres.

4　Je vais le demander à ma secrétaire, – on peut tout demander.

5　Je ne sais pas vraiment – est important. Pourrais-tu me dire – tu en penses?

6　– il a besoin pour arriver à l'heure, c'est d'une montre.

7　Au moment où il allait partir, je l'ai rattrapé pour lui donner le dossier – j'avais emprunté.

8　Vous pouvez prendre le livre – traîne sur mon bureau. C'est celui – Pierre m'a conseillé.

9　Le voyage – je rêve de faire, c'est d'aller au Tibet, et toi? Moi, – j'ai envie, c'est d'aller en Afrique.

10　La personne – je connais le mieux ici, c'est l'employée – travaille au service des réservations.

4.11　Mots qu'on ajoute

Waarom zouden ze ook?

Il est parfois obligatoire d'*ajouter un ou plusieurs mots* dans la traduction française. Il se peut qu'il ne s'agisse que d'un article, mais parfois il faut ajouter un substantif ou un verbe.

We zijn benieuwd of hij komt.	Nous sommes curieux *de savoir* s'il pourra venir.
Ik studeer Frans.	Je fais *des études de* français.
Dat is het enige dat hem interesseert.	C'est la seule *chose* qui l'intéresse.

NPW
p 298-304
GP 1.3.3

1　Sorry, maar ik kan niet anders.
2　Mijn zoon is 13.
3　Waarom zou ik ook?
4　Mijn vrouw moet morgen naar Lille.
5　Mijn vriend heeft gehoord dat hij ontslagen wordt.
6　Vannacht om 12 uur had ik het boek uit.
7　Een retour eerste klas Utrecht, graag.
8　De vraag is of ik morgen wel kan vertrekken.
9　Een aantal studenten was afwezig.
10　In dit dorp is alles nog als vroeger.

4.12　(le) plus, (le) moins, (au)tant

Het aantal inwoners is lager dan in de stad Dordrecht.
Tien mensen zijn ouder dan zestig jaar.
De meeste gemeenten van minder dan honderd inwoners zijn verdwenen.

> (le) plus et (le) moins sont les comparatifs et les superlatifs des adverbes *beaucoup* et *peu*; *(au)tant* indique l'égalité.
>
> | | |
> |---|---|
> | Ik lees meer dan mijn broer. | Je lis *plus que* mon frère. |
> | Ik lees het minste. | C'est moi qui lis *le moins*. |
> | Ik lees evenveel als mijn broer. | Je lis *autant que* mon frère. |
>
> On emploie *plus de* et *moins de* (au lieu de *plus que* et *moins que*), si le deuxième élément de la comparaison contient un numéral.
>
> | | |
> |---|---|
> | Ik verdien meer dan mijn broer. | Je gagne *plus que* mon frère. |
> | Ik verdien meer dan 1000 francs. | Je gagne *plus de* 1000 francs. |
> | Mijn broer verdient minder dan 500 francs. | Mon frère gagne *moins de* 500 francs. |

GP 4.3
NPW *beter, best*
ES 17.3, 22.6

1 Overdag was de temperatuur meer dan 40 graden.
2 Mijn nieuwe auto verbruikt evenveel benzine als de oude auto.
3 We krijgen morgen meer zon dan vandaag.
4 In minder dan vijf minuten was ik doorweekt.
5 In de herfst is het hier minder koud dan in Nederland.
6 Jullie moeten minder herrie maken!
7 Marie heeft net zo veel teksten vertaald als de andere studenten.
8 Karel werkt het minst maar verdient het meest.
9 Bij het minste geluidje werd de hond wakker.
10 Ik had zoveel gegeten dat ik pijn in mijn buik had.

F-N 4.13 Le temps qui court: à quoi sert de vieillir?

2

1 Dans la vie de l'homme, il arrive toujours un moment où l'on se pose la question que voici: 'A quoi sert de vieillir au fond?' 'Vieillir, cela ne sert à rien, rigoureusement à rien'. Voilà la réponse désespérée que donnait le philosophe Jean Améry en 1968, dans un
5 livre aujourd'hui réédité. Ce livre ne ressemble à aucun autre, car avec une originalité **sans pareille** l'auteur cherche à produire **un portrait sans retouches** de cette période de la vie dont il est si difficile de dater le début, mais dont la fin, en revanche, **n'est que trop** visible. **On ne trouvera pas** d'ouvrage plus intelligent sur un sujet
10 qui, pardonnez la banalité, nous touche tous.

De tout temps, le monde a appartenu aux jeunes gens: ils ont la vie devant eux. La vieillesse commence au moment où le temps devient à peu près la seule dimension de l'existence, lorsque le souci du lendemain s'empare du quotidien, lorsque même la natu-
15 re devient hostile aux hommes: la rivière où l'on aimait se baigner est devenue trop froide, la montagne devient trop raide, la vallée trop vaste. Le corps lui-même est devenu fardeau. Seul subsiste le temps et le sentiment du 'jamais plus'.

Certains cherchent dans la société un bien-être que la nature
20 refuse de leur donner. N'est-il pas d'usage, en effet, de témoigner
du respect au grand âge? Les 'postes importants' ne sont-ils pas le
plus souvent occupés par des 'personnes d'expérience'? Mais de
nos jours, cela devrait être considérablement nuancé, car au fond ce
n'est plus que dans les sociétés traditionnelles que la vieillesse est
25 respectée. Nos valeurs modernes lui **sont en tous points hostiles**.

D'où l'appel d'Améry pour mettre fin à une ségrégation qui est
une des plus ignobles. L'intelligence des gens d'hier, qu'on nom-
mait autrefois la sagesse, et leur expérience, ne sont-elles pas
irremplaçables?

D'après: *L'Express*

4.14 Cultures vice versa

A la bonne heure

C'est bien simple: personne ne fait la même chose à la même heure.
Qu'il s'agisse de travail ou de vie privée, l'Europe n'est pas du tout
synchro.

Casse-tête dans les bureaux: à quelle heure téléphoner, fixer un
rendez-vous? A 8 heures, vous avez quelques chances à Amsterdam, mais à Paris personne n'est encore arrivé. Attention à 10 heures, c'est l'heure du sacro-saint café néerlandais. Essayez plus tard,
mais avant 13 heures, car sinon c'est au tour des Français d'aller
déjeuner et il vous faudra alors patienter jusqu'à 15 heures si le
directeur a un repas d'affaires. Ne remettez pas ce coup de fil à plus
tard, car passé 17 heures, voire 16 heures les veilles de week-end,
vous ne trouverez plus personne à Oslo ou à Amsterdam. En France
par contre, vous avez vos chances jusqu'à 18 heures, voire plus tard.

Rien ne s'arrange quand on aborde le chapitre de la vie privée.
Invitez-vous quelqu'un à dîner? Aux Pays-Bas, ce sera vers 18 heures, en Suisse vers 19 heures, en France plutôt vers 20 heures et de
plus en plus tard en descendant vers le sud de l'Europe. Attention,
une invitation à 20 heures en Scandinavie ou aux Pays-Bas peut-être
prise par un Français pour une invitation à dîner. Il n'en est rien.
'Venez vers 20 heures' signifie 'Venez prendre un café après le
dîner'. Le temps n'a pas le même sens au nord et au sud de l'Europe. Pour un rendez-vous de travail à Francfort, Londres, Zurich ou
Amsterdam, la politesse veut qu'on soit à l'heure. De même pour
un dîner, l'heure, c'est l'heure. A Paris, cinq minutes de retard pas-
seront inaperçues, mais arrivez plus d'un quart d'heure en retard, et
vous vous ferez remarquer.

Les experts chargés d'étudier les décalages culturels entre Européens, outre la différence temps rigide-temps souple qui distingue
le nord du sud, ont introduit l'idée d'un temps monochrome au

nord, polychrome au sud. Les 'monochromes' ont tendance à ne faire qu'une seule chose à la fois, à se concentrer sur un seul sujet. Les 'polychromes' au contraire, plus agités, font trente-six choses en même temps, et mêlent plus volontiers que les autres vie professionnelle et vie privée.

Un Anglais ou un Néerlandais en déplacement d'affaires en France, Italie ou Espagne supportera donc mal de voir son interlocuteur griffonner des notes, demander à sa secrétaire des nouvelles de son fils malade, ou répondre au téléphone qui sonne en même temps que se déroule la conversation.

D'après: *Marie-Claire*

Secrétaire dans une entreprise d'informatique néerlandaise dont le siège se trouve à Amsterdam, vous devez organiser et planifier dans la semaine du 10 au 14 novembre les activités suivantes de votre directeur. Donnez-lui tous les détails possibles concernant son emploi du temps, jour par jour en indiquant aussi les horaires des trains, les détails concernant l'accomodation et les lieux de rencontre. Attention: le 11 novembre est un jour férié en France.
Voici dans le désordre ce qu'il doit faire:
- *Visite de 24 heures d'un directeur d'entreprise française (Monsieur Bertheau): visite d'usine; rencontre avec collègues; discuter d'un contrat éventuel.*
- *Participation à un congrès, le mercredi 12 novembre à Breda: discours d'inauguration; rencontre avec deux nouveaux clients potentiels (un Belge et un Espagnol).*
- *Voyage d'affaires de 48 heures à Bruxelles: rencontre informelle avec M. Ribot; démonstration des derniers produits à l'Hôtel 'Les Ambassadeurs'.*
- *Réunion de travail avec ses collaborateurs.*
- *Entretien d'embauche pour recruter un nouveau chef du personnel.*
- *Pot d'adieu de Jacqueline, ancienne employée.*
- *Prendre connaissance du dossier clientèle 'Bertheau'.*
- *Contacter le fournisseur de logiciels.*

4.15   Ecrivez

A   Rédigez un texte dans lequel vous décrivez votre journée. Précisez où vous étiez aux heures indiquées ci-dessous et ce que vous faisiez. Employez des mots comme *ensuite, plus tard, d'abord, auparavant* etc. Faites attention à l'emploi des temps du passé.

7h 16	17h 07	13h 51	23h 58
9h 33	19h 25	15h 40	1h 44
11h 02	21h 18		

B   Het VVV-kantoor geeft je opdracht om in het Frans een wervende tekst te schrijven voor een toeristische folder over de stad, het dorp of de regio waar je woont.

Situeer de plaats geografisch gezien, beschrijf kort de interessante bezienswaardigheden, de mogelijkheden om te overnachten (hotel, camping), restaurants, natuurschoon, zwembad etc. Vermeld waar verdere actuele informatie te verkrijgen is (Internet-adres, telefoon).

Het formaat van de folder is A-4, in drieën gevouwen. Geef schetsmatig een indeling van fotomateriaal en tekst.

5   *Un sou est un sou*

1

1   Wim en Jeanet van der Zanden wonen **samen met** hun twee kinderen in een oud huis waarvan ze eigenaar zijn. Wim is ambtenaar,
Jeanet huisvrouw. Met zijn inkomen kunnen ze gemakkelijk rond-
komen. Wim ontvangt per maand een netto salaris van *f* 2900,–. De
5   andere inkomsten zijn de kinderbijslag en de jaarlijkse tegemoetkoming in de ziektekostenverzekering[1], **in** totaal zo'n *f* 800,– extra per
maand.

Voor hun huis hebben ze een **lening afgesloten**. Om deze terug
te betalen legt Jeanet elke maand *f* 1500,– opzij. Maandelijks krijgen
10   ze een rekening van het GEB van *f* 250,–. Dat bedrag omvat niet alleen gas, licht en water, maar ook het abonnement op de kabeltele-
visie en de reinigingsrechten[2]. De krant **waarop** ze geabonneerd
zijn, kost *f* 62,– per kwartaal. Het schoolgeld voor de kinderen **be-
draagt** per jaar *f* 120,–.

15   Eén keer per week doet Jeanet boodschappen in één van de
supermarkten bij haar in de buurt. Meestal gaat zij naar de dichtst-
bijzijnde, want ze moet het allemaal lopend doen. Haar man heeft
namelijk overdag de auto nodig. Ze heeft echter gemerkt dat al die
supermarkten bijna even duur zijn. Ze laat zich **trouwens** zelden
20   verleiden door[3] voordelige aanbiedingen. De verse producten, zoals
brood, groente en vlees, koopt ze bij de kleine winkeliers **bij haar
om de hoek**. Elke dag. Ze eten meestal **gewoon** aardappelen en
groente en een stukje vlees. **Aan** drank geven ze vrijwel niets uit.
Haar man koopt af en toe een paar blikjes bier of wat wijn en **heel**
25   **soms** een fles sterke drank.

Eens per week haalt ze *f* 200,– van de bank. Met dat bedrag moet
ze zich dan zien te redden. Maar als ze een plant of verjaardagsca-
deautjes koopt, overschrijdt ze dat bedrag al. Al die extra aankopen
betaalt ze met haar betaalpas. Verder koopt ze bij de slager vaak
30   voor drie dagen vlees en dan betaalt ze ook met haar pas. Kleren
vormen natuurlijk ook een vrij hoge uitgavenpost. En de kinderen;
die groeien zo snel! Voor haar dochter maakt ze zelf kleren en daarnaast breit ze voor beide kinderen. Rood staan gebeurt haar nooit.
Maar ze kunnen **ook niet** veel sparen.

Naar: *Libelle*

[1] tegemoetkoming in de ziektekostenverzekering.– ici: la compensation de Sécurité
sociale
[2] reinigingsrechten – la taxe d'enlèvement des ordures ménagères
[3] zich laten verleiden door– se laisser tenter par

5.2   Préposition + Pronom relatif

De krant waarop ze geabonneerd zijn, kost *f* 62,– per kwartaal.
Overdag heeft haar man de auto nodig.

De nombreux verbes ne se construisent pas avec la même préposition en français et en néerlandais. Parfois également, un verbe avec préposition s'emploie dans l'autre langue sans préposition. Il faudra donc faire attention au choix du pronom relatif correspondant.

Ik wacht *op* een vriend.	J'attends un copain.
De vriend *op wie* ik wacht is te laat.	Le copain *que* j'attends, est en retard.
Het werk *waaraan* hij gisteren is begonnen, is nog niet af.	Le travail *qu'*il a commencé hier, n'est pas encore fini.

Dont s'utilise généralement pour les verbes construits avec *de*:

Het boek *waarover* ik het heb, is te duur.	Le livre *dont* je parle est trop cher. (*parler de*)

Pour les verbes construits avec une autre préposition, on utilise la préposition suivie de *lequel (laquelle, lesquels, lesquelles)* pour les choses, ou suivie de *qui* pour les personnes.

De computer *waarmee* ik werk, is erg langzaam.	L'ordinateur *avec lequel* je travaille, est très lent.
De vrouw *die* ik heb gebeld, was erg boos.	La femme *à qui* j'ai téléphoné, était très en colère.

GP 11.1, 26.6
0ef 2.7, 4.10,
9.10, 11.3
ES 7.5

1 De krant waarop zij is geabonneerd, kost 155 gulden per kwartaal.
2 De kaart voor het openbaar vervoer waarmee men overal in Parijs kan reizen, komt op 60 gulden per maand.
3 Jean is de kandidaat over wie we het langst gesproken hebben.
4 Het was de reactie die ik verwacht had.
5 Er zijn twee dingen waarop je kan rekenen: een snelle promotie en een hoger salaris.
6 Met een betaalpas betalen is iets waaraan oude mensen soms niet kunnen wennen.
7 Het college waarvoor ik me interesseer, gaat over de geschiedenis van de vakbonden.
8 Het verlies van mijn creditcard is het enige waartegen ik verzekerd ben.
9 Het zijn mensen die je kunt vertrouwen.
10 De twee kandidaten waartussen gekozen moest worden, waren allebei vrij jong.

5.3 Ordre des mots / La mise en évidence

Al die extra aankopen betaalt ze met haar betaalpas.

En français, l'ordre des mots est moins flexible qu'en néerlandais.

Boodschappen doet zij nooit.	Elle ne fait jamais les courses.
Mijn broer vraag ik nooit wat!	Je ne demande jamais rien à mon frère.

Pour mettre l'accent sur un élément de la phrase, on peut utiliser le détachement à gauche ou à droite (ou la périphrase grammaticale).
Attention: l'élément mis en relief est repris par un pronom personnel.

Hém heb ik nog nooit gezien.	Lui, je ne l'ai encore jamais vu.
Mijn bróer vraag ik nooit wat!	Mon frère, je ne *lui* demande jamais rien!
Die film heb ik niet gezien!	Je ne l'ai pas vu, ce film!

GP 29.2.1.2, 30
oef 4.2, 8.6, 11.9
ES 20.1+2

1 Die man had zij nooit moeten geloven.
2 Deze cd moet je met je zakgeld betalen, zei mijn moeder toen ik haar geld vroeg.
3 Mensen die op straat geld vragen, geef ik nooit iets, maar ik koop wel eens de Daklozenkrant.
4 Niemand heb ik ooit gevraagd nieuwe computers te bestellen!
5 De vriendin met wie hij vorige zomer omging, ziet hij nog steeds een paar keer per maand.
6 Je geldzorgen, daar wil ik het niet over hebben!
7 Op hem hoef je niet te rekenen. Van hem eisen we al te veel.
8 De zonnebril die hij voor zijn verjaardag heeft gekregen, is hij al lang kwijt!
9 Paul zou ik voor zijn verjaardag geld kunnen geven. Hij zou dan zelf een boek kunnen kopen.
10 Aan het schrijven van de definitieve versie heeft hij drie maanden besteed.

5.4   Geld, storten, betalen etc.

Om de lening terug te betalen, legt Jeanet elke maand ƒ 1500,– opzij. Eens per week haalt ze ƒ 200,– van de bank.

NPW betalen

1 Zou iedereen dertig gulden op mijn rekening willen storten? Ik heb het geld moeten voorschieten. Het cadeau en de bloemen komen op 275 gulden.
2 Ik kan geen geld uit de geldautomaat halen, want ik sta rood. Sinds de huur omhoog is gegaan, red ik het niet meer.
3 Hij komt niets te kort, maar met het salaris dat hij verdient, kan hij het zich niet veroorloven geld over de balk te gooien.
4 Toen ik wilde betalen, zei ze: 'Laat maar zitten, ík betaal wel', terwijl ik dacht dat zij gierig was.
5 Hij krijgt elke maand honderd gulden zakgeld, maar hij geeft alles binnen een week uit.
6 De rekening van de timmerman bedroeg vijftienhonderd gulden, inclusief de BTW.
7 Het te betalen bedrag was natuurlijk zo hoog omdat hij ook alle extra werkzaamheden had meegerekend.

8 Deze handel levert hem niet veel meer op. Hij kan zijn geld
   beter investeren in een nieuw bedrijf.
9 Het subsidiebedrag is minder hoog dan vorig jaar.
10 De lamp was heel goedkoop. Ik heb er vijftig gulden voor
   betaald.

F-N 5.5 Le panier de la solitaire

1 La célibataire dépense beaucoup d'argent. Elle a aussi (un peu) plus
d'argent et de temps. Qu'en fait-elle? Premier poste de dépenses: la
maison, 27 % de son budget. Elle est le plus souvent locataire (68 %)
et préfère le centre-ville: elle aime la trépidation urbaine. Son home
5 sweet home se résume à un studio ou un deux-pièces, rarement
plus. Elle se considère en transit, mais elle passe cependant beaucoup de temps à retaper sa maison.
   Elle rentre le soir chez elle entre 19 h et 20 h, **sans rien** avoir
prévu pour le repas. Alors elle passe chez l'épicier, achète une ou
10 deux tranches de jambon, des yaourts, un potage en sachet. Bref,
tout **ce qu**'il faut pour un repas simple. Dans sa cuisine, elle pique-
nique plus ou moins. Avec son chat: 38 % des femmes célibataires
ont un animal domestique. Budget bouffe: 19 %.
   Le poste fringues absorbe 10 % de son budget. **Look oblige**: en
15 jean et en pullover le jour, en noir pour jouer la femme fatale le soir.
Car elle sort beaucoup (8 % de ses dépenses). Deux ou trois fois par
semaine au cinéma ou au théâtre, autant de fois au restaurant. Pas
de temps morts, jamais! Des livres et la télé, une à trois heures par
jour. Mais aussi, une sur dix s'avoue 'pendue au téléphone'.
20   La machine qu'elle préfère, chez elle, est un appareil à touches,
noir, moissonnant les messages amicaux: son répondeur qui l'ac-
cueille avec toutes ces voix. Ou avec le silence.
   Seule au milieu des couples? Le sentiment d'**exclusion** la pous-
se parfois à s'inscrire à un club 'pour voir de nouvelles têtes'. Elle a
25 d'ailleurs des week-ends coûteux et dépense dix fois plus qu'une
femme mariée. Ce qu'elle préfère, c'est partir loin pour ses vacances
(7 % de son budget). Une fois sur cinq en voyage organisé.
   Est-elle satisfaite? Le G.R.A.P. (Groupe de recherche et d'action
en faveur des personnes seules), qui n'en croit rien, est parti depuis
30 longtemps en croisade contre la discrimination dont est victime le
ou la célibataire. Elle paie chèrement **sa différence** (11 % de son
budget va au fisc); à la S.N.C.F., elle a toujours droit au plein tarif;
en vacances, les hôtels parfois ne proposent que des chambres dou-
bles assorties de deux petits déjeuners; en province, les **grandes sur-**
35 **faces** ignorent les portions individuelles: 8 croquettes de poisson ou
rien!

D'après: *Le Nouvel Observateur*

5.6 Langage familier et argotigue

Remplacez les mots ou expressions en italique par un autre; consultez le dictionnaire, si nécessaire.

1 – Eh, Aline! Qu'est-ce que tu fais ce soir? *Ca te dit* d'aller au *resto*?
– Pas trop, il faut que je fasse un peu *gaffe*, je *bouffe* trop en ce moment. Bientôt, je vais plus rentrer dans mes *fringues*! On n'a qu'à se faire un *cinoche*?

5 – Oh non, j'ai été au cinoche hier soir avec ma *frangine*. En plus *ça cassait pas grand-chose*, c'était même assez *con*. C'était l'histoire d'une *nana* qui *s'engueulait* avec ses parents et qui *se cassait* de chez elle, un vrai *mélo* complètement *ringard*. Alors ce soir le cinoche, non merci. J'aimerais mieux aller en *boîte*. Y en a une géniale qui vient d'ouvrir,

10 dans la rue des Batignolles, tu sais pas loin de *la fac*, à côté du Macdo.
– OK, dans ce cas-là on pourrait passer un coup de fil à Thomas pour lui demander si il veut venir avec ses *copains*. On *se marrerait* bien!

15 – Ouais d'accord, mais j'espère que *le mec* avec qui il était l'autre fois viendra pas, tu sais celui qui était complétement *bourré* et qui arrêtait pas de draguer les *nanas*! Il était vraiment *emmerdant*. En plus il est *moche*!
– Bof, t'exagères, il est pas mal, en plus moi, je l'ai trouvé plutôt

20 sympa, assez *marrant*. Toutes façons, je crois qu'il sera pas là, car en principe il *bosse* le soir à la FNAC.
– Comment tu sais ça?
– J'sais plus, c'est lui sans doute qui me l'a dit. Bon alors qu'est-ce qu'on *fout*? On les appelle ou quoi?

25 – Ouais, bien sûr on n'a qu'à leur *filer un rencard*!
– OK, à quelle heure?
– J'sais pas, *je m'en fiche*, à 11 heures si tu veux?
– Ouais, comme ça on aura le temps de passer à *ma piaule*. On pourra se changer. Tu verras je me suis achetée des *pompes* super, un peu

30 comme les tiennes, mais le talon est moins haut.
– Ah ouais, tu me les montreras?
– Ouais. Bon alors, je lui dis 11 heures à Thomas?
– Oui, c'est bien. Demande- lui aussi si par hasard il peut pas venir nous chercher en *bagnole*.

35 – OK. Au fait, tu pourras me passer un peu de *fric*? J'ai plus *un rond*!
– Combien?
– J'sais pas, 100 ou 200 *balles*. Je te les rendrai dimanche.
– D'accord mais t'oublies pas, parce que moi aussi *j'suis fauchée*!

5.7 La négation

Elle rentre sans rien avoir prévu.
Pas de temps morts!

En français la négation du verbe est généralement exprimée par deux éléments: *ne* et un autre élément.

Geen enkele oplossing is goed.	*Aucune* solution *n'*est parfaite.
Niemand kent hem.	*Personne ne* le connait.
Hij beweert niet meer te kunnen werken.	Il prétend *ne plus* pouvoir travailler.

Ne confondez pas *nog niet* et *niet meer*.

Hij is er nog niet.	Il *n'*est *pas encore* là.
Hij is er niet meer.	Il *n'*est *plus* là.

Attention:
1 On traduit *ook niet* par *non plus* qui s'ajoute à la première négation.
  Hij werkt ook niet op zondag. Il *ne* travaille *pas* le dimanche *non plus*.
2 *Rien* et *personne* ont un sens positif s'ils sont associés à une négation.
  Niemand heeft iets gezegd. Personne n'a *rien* dit.
  Hij heeft zich nooit voor iemand geïnteresseerd. Il ne s'est jamais intéressé à *personne*.
3 La tournure suivante pose un problème:
  Niet alle studenten zijn op de hoogte. *Les étudiants ne* sont *pas tous* au courant.

GP 27, 6.2
NPW obs gr
XXV
ES 19

1 Nooit van mijn leven zal ik haar vergeten.
2 Niemand is volmaakt, zei ze zuchtend.
3 De meeste aanwezigen interesseerden zich helemaal niet voor literatuur.
4 Heb je het niet aan Jan gevraagd? Jawel, maar hij had er geen flauw idee van.
5 Mijn moeder heeft nooit met iemand over haar problemen durven praten.
6 Voor de derde keer dit jaar heeft mijn collega besloten niet meer te roken tijdens de vergaderingen.
7 Ik vind het nogal onbeleefd om weg te gaan zonder iemand iets te zeggen.
8 De verdachte beweerde het slachtoffer niet te kennen. Ook de man van het slachtoffer kende hij niet.
9 Heb je je kamer nu al opgeruimd? Nee, nog niet.
10 Geen enkele vogel in dit natuurgebied heeft de ramp met de olietanker overleefd.

11 Niet iedereen is zo slim als jij, natuurlijk.
12 *Jij* hebt gezegd dat we naar oma gingen, niet ik!
13 Kun je me helpen met het maken van mijn huiswerk? Vandaag niet, maar misschien morgen.
14 Vakantie is er voor om niets te doen.
15 Heb jij ooit zoiets stoms gezien? Ik niet.
16 Hij deed alsof er niets gebeurd was.
17 Tijdens de ramadan eten noch drinken de moslims overdag.
18 Nooit had ik gedacht dat mijn kinderen tachtig rozen voor mij zouden kopen.
19 Hij liet niets merken.
20 Jan en Marie gaan verhuizen, niet omdat ze het in Amsterdam niet meer naar hun zin hebben, maar omdat ze een tuin willen hebben.

N-F 5.8 Het postkantoor

2

1   Is het u al eens **opgevallen** dat **je** op het postkantoor altijd de rij kiest waarin **je** de meeste tijd verliest **voor je** aan de beurt bent?
De lengte van een rij heeft **niets te maken met** de wachttijd. Twee andere factoren zijn veel belangrijker: (a) het soort mensen die
5   in de rij staan, en (b) wie er achter het loket zit. Het antwoord op deze laatste vraag is vrij simpel: een snelle **blik** is **voldoende om** te bepalen of we met een ervaren lokettist **te maken hebben** of met een beginneling. Deze laatste **is te** herkennen aan de rode wangen, de onhandige gebaren en aan het feit dat hij **voortdurend opstaat**
10 om informatie in te winnen bij een chef die **steeds** aan het telefone-ren is.
Moeilijker is het analyseren van de mensen die in de rij staan. De volgende categorieën dienen hoe dan ook vermeden te worden:
Bejaarden. Op grond van hun leeftijd menen ze alles te weten. Altijd
15 **missen** ze **net** één document, **waarover** uitvoerig gediscussieerd wordt, en laten ze muntstukken vallen die vervolgens moeten wor-den opgeraapt. Bovendien hebben ze dikwijls een grote tas bij zich waarin ze iets zoeken dat er niet in zit.
Kinderen. Overleggen briefjes waarop hun ouders **iets onleesbaars**
20 geschreven hebben.
Gastarbeiders. Moeten geldbedragen overmaken of grote pakketten opsturen naar verwanten in onherbergzame landstreken zonder postkantoor.
Toeristen. Willen geld opnemen met eigenaardige cheques. Deze
25 **blijken** dan, na lang onderzoek, **bij** een bank te moeten worden verzilverd[1]. Niet zelden willen ze niet-bestaande geldsoorten wisse-len in guldens.
En nu de praktijk. **Bij het** binnenkomen analyseer je snel de situ-atie. Rustig ga **je** in de rij van **je** keuze staan. Tot **je** ontzetting be-

30   merk **je** dat deze bestaat uit mensen die uiterst ingewikkelde trans-
acties tot stand willen brengen en zich bedienen van praktisch uit-
gestorven talen. De chefs worden geroepen en de lokettisten trekken zich uitgeput terug op de toiletten.

Naar: B. den Uyl, *Een zwervend bestaan*

[1] verzilveren – encaisser, toucher

5.9   Bij

Hij staat voortdurend op om bij een chef informatie in te winnen.
Zij hebben een grote tas bij zich.

NPW bij
1 Bij de studenten die de vergadering bijwoonden, waren drie buitenlanders.
2 Gelukkig was Jeannette erbij toen Paul in de winkel geen geld bij zich had.
3 De oude man die naast hem woont, heeft zich beklaagd bij de concierge.
4 Alle posters zijn 1,5 bij 1 meter.
5 Bij Van Gogh speelt het licht een grote rol.
6 Bij de slag bij Arnhem zijn heel wat soldaten gedood.
7 Ik heb haar gisteren toevallig bij vrienden gesproken.
8 Wil je bij de bakker twee croissantjes kopen?
9 Op de trap draaide hij zich naar haar om en greep haar bij haar arm.
10 Is jouw vrouw bij het onderwijs? Ik dacht dat ze ook bij de bank werkte.

5.10   Gebrek, tekort, missen, ontbreken

Zij missen een document.

NPW gebrek,
missen
1 Mis je je kinderen niet?
2 Kun je je auto vandaag missen?
3 In dat land is een enorm tekort aan babyvoeding.
4 Aan enthousiasme geen gebrek!
5 Wat ik een beetje mis, is fantasie en enthousiasme.
6 Geef me dat dan maar, bij gebrek aan beter.
7 Het geldgebrek is een onoplosbaar probleem.
8 Marianne mist geen enkele gelegenheid haar idool te zien.
9 Zijn vrouw komt echt niets tekort.
10 Helaas vertoont uw fiets een aantal ernstige gebreken.
11 Bij zijn terugkomst constateerde hij dat er drie schilderijen ont-
braken.

12 Piet zei dat hij zich had verslapen en de trein had gemist.
13 Er is een gebrek aan koffie na de slechte oogst in Zuid-Amerika.
14 Te koop aangeboden: een partij tandenborstels met kleine fabricagefoutjes.

5.11 Infinitif substantivé

Bij het binnenkomen analyseert men snel de situatie.
Moeilijker is het analyseren van de mensen die in de rij staan.

En français, contrairement au néerlandais, il n'existe qu'un nombre limité d'infinitifs substantivés.

Un aller et retour	Een retourtje
Le déjeuner	De lunch
Un coucher de soleil	Een zonsondergang

Il faudra donc le plus souvent recourir au substantif dérivé du même verbe ou à une construction avec un infinitif (souvent en fonction de sujet):

Het analyseren van deze gegevens heeft me nogal wat tijd gekost.	Analyser ces données (l'analyse de ces données) m'a pris beaucoup de temps.
Het opstellen van deze tekst kostte veel tijd.	Rédiger ce texte a pris beaucoup de temps.
	La rédaction de ce texte a pris beaucoup de temps.

GP 26.5.7
ES 14

1 Bij het vallen van de avond hoorden we plotseling de nachtegaal zingen.
2 'Freek, het eten is klaar!'
3 De sfeer was goed, het eten en drinken prima.
4 De taak van de advocaat is het verdedigen van zijn cliënt.
5 Waar ik het meest een hekel aan heb, is aan het wassen van auto's.
6 De docent was drie uur bezig geweest met het corrigeren van de vertaling.
7 Het namaken van bankbiljetten wordt zwaar bestraft.
8 Het laden van de goederen was snel gedaan.
9 Het lachen, dat is waarin de mens zich onderscheidt van de dieren.
10 Het zijn gaat dus vooraf aan het worden, snap je? Of misschien is het andersom.
11 Hij realiseert zich niet dat het leren van een vreemde taal veel tijd kost.
12 Het wachten duurde lang.

2

1   A l'époque où la femme ne travaillait pas, **c'était** l'époux **qui** gérait
les affaires et finançait les gros achats. Il donnait une allocation à sa
femme pour ses dépenses personnelles.

   Avec l'augmentation du niveau de vie et l'arrivée des femmes
5   sur le marché du travail, la gestion du budget du ménage est déter-
minée par des données différentes. D'abord, les dépenses personnelles de l'époux diminuent, en raison des transformations culturelles qui ont fait que l'homme est plus souvent à la maison, et en
même temps les dépenses collectives augmentent, le logement, la
10   voiture, les vacances etc. Dès lors que les dépenses sont consacrées
à la famille, il n'y a plus de raison de répartir entre mari et femme
les postes du budget. De plus, si la femme **affecte** son gain **à** des
postes collectifs de dépense, le mari aura plus de mal à cacher le
montant de son salaire ou à lui refuser une contribution suffisante.
15   Il semble donc que l'**évolution** des rôles se manifeste plutôt dans la
façon de gérer les ressources du ménage que dans le partage effec-
tif des tâches, qui, dans la pratique, n'a pas vraiment lieu.

   On accepte généralement que la femme travaille à condition que
son 'intérieur'[1] n'en souffre pas. Un homme a un métier, une femme
20   en a deux. Certes il y a des différences entre l'ouvrière d'usine et la
femme cadre, mais le schéma demeure plus ou moins identique. Les
femmes empiètent sur[2] les rôles masculins, alors que l'inverse n'est
pas vrai. L'explication est simple. **Si** gérer un budget, signer la feuil-
le de déclaration d'impôts a un **côté valorisant** pour la femme, les
25   hommes n'ont pas le désir de charger la machine à laver la vaisselle, ou de faire cuire les nouilles du dîner quotidien. Cuisiner le
dimanche soir parce que c'est exceptionnel, le mari le fera volontiers. Jeter les pommes de terre à bouillir avant même d'avoir enlevé
son manteau tout en répondant aux questions des enfants qui par-
30   lent tous ensemble pour attirer l'attention, voilà un rôle qu'aucun
homme n'essaiera d'enlever à sa femme.

   On comprend pourquoi il y a un tel écart entre opinion et pratique, et pourquoi la répartition des rôles ne peut que lentement
évoluer.

D'après: *Sociologie de la famille*

---

[1] l'intérieur – ici: het huishouden
[2] s'empiéter sur – ici: overnemen

5.12 Cultures vice versa

L'attitude des Néerlandais vis-à-vis de l'argent, commentée par un Français

Nederland is het land waar 'alleen de zon voor niets opgaat', en waar de gulden altijd blinkt, bij wat voor weer dan ook. 'En doet u dat voor niets?' vroeg een verslaggever van het journaal spontaan aan een automobilist die een lift gaf aan enkele reizigers die vanwege de storm van enkele weken geleden vastzaten op het Centraal Station in Amsterdam.

Geld is een soort mist, ongrijpbaar en alomtegenwoordig. Waarom hadden de verpleegsters van afdeling dertien van het Onze Lieve Vrouwe Gasthuis in Amsterdam niet het recht om hetzelfde broekpak te dragen als hun mannelijke collega's? 'Een broekpak is niet alleen duurder in de aanschaf, maar ook in de bewassing.'[1] En waarom moeten Nederlanders die aanleg hebben om dik te worden meer aan de lijn doen? De bestrijding van klachten en ziekten die ontstaan door overgewicht kost de samenleving veel geld, namelijk 'naar schatting een miljard gulden', volgens de berekeningen van de Rijksuniversiteit Limburg.[2] Schuldgevoel en stigmatisering zijn daarentegen gratis!

De aandacht voor geld is hier overal te vinden. Tegen alle stedebouwkundige principes in heeft de gemeenteraad van Amsterdam ingestemd met de door een Zweedse projectontwikkelaar voorgestelde bouw van een 210 meter hoge toren. De gebruikelijke bouwhoogte in de stad is weliswaar 90 meter, maar ja, de Zweedse ondernemer was in het bezit van de voor de geplande uitbreiding van een station benodigde grond. De koehandel was dus snel een feit, grond tegen bouwvergunning, oftewel een besparing van 40 miljoen gulden tegen de uitverkoop van het kostbare profiel van de stad.[3]

Cijfermatige benadering heeft bezieling vervangen. De vernieuwingen in het onderwijs (basisvorming, nieuwe samenstelling van de vakkenpakketten in het voortgezet onderwijs, beperking van de studieduur in het hoger onderwijs via een korting op de studiebeurzen) hebben een gemeenschappelijke kern: niet zozeer de aanpassing van het systeem als wel de noodzaak 'een beter rendement' te verkrijgen. Ook het welzijnsbeleid moet voortaan als een 'investering met rendement' worden gezien.

In Nederland heeft alles een prijskaartje, zelfs oorlog. Op 17 januari 1991 was de Golfoorlog tegen Irak volgens de minister-president 'een investering in de toekomst'. Mijn collega's op de redactie van *Le Monde* waren zo ontstemd over het cynisme dat uit deze formulering sprak, dat ze de vertaling veranderden in 'de toekomst moet voorbereid worden'.[4]

Geld maakt zeker niet gelukkig: Nederland is er geestelijk, zo niet lichamelijk, ziek van geworden. 'Compared with other countries, the Netherlands are a paradise for those who are unhealthy, sick, weak or ill,' staat op de eerste pagina van een document dat verspreid werd door het ministerie van Welzijn, Volksgezondheid en Cultuur.[5] Wat er niet in staat, is dat je het paradijs niet zo maar mag binnenstappen. Want als patiënt ben je een nummer op een wachtlijst, met een wachttijd oplopend tot vierentwintig weken voor een alledaagse chirurgische ingreep.[6] En als men hier aan de beurt komt, loopt men ook nog het risico op het laatste moment te horen te krijgen dat de operatie uit is gesteld. Dat gebeurt maar liefst 30.000 keer per jaar, oftewel 82 keer per dag of eens per twintig minuten.[7] Waarom moet men in een welvarend land de beschikbare plaatsen verdelen en een commissie in het leven roepen om 'keuzes te maken'? Een vreemd paradijs, waar de behandeling van hoge kwaliteit is en de nazorg goed wordt geregeld, zonder dat je er zeker van kunt zijn ervan te mogen 'genieten'.

Naar: Christian Chartier, *Het verdriet van Nederland.*
Een Fransman stoeit met de Hollandse ziel

[1] De Volkskrant, 23 september 1990

[2] ANP radionieuwsdienst, 13 mei 1991.

[3] NRC-Handelsblad, 3 oktober 1991

[4] Le Monde, 18 januari 1991

[5] 'Care in the Netherlands 1991'.

[6] NRC-Handelsblad, 19 februari 1991.

[7] Onderzoek van de Landelijke Specialisten Vereniging, De Volkskrant, 14 maart 1990

a *Résumez ce texte en insistant sur la thèse centrale et en illustrant l'idée centrale par un ou deux exemples pris dans le texte (ou par des exemples que vous aurez trouvés vous-même). (1/2 page)*

b *Montrez ensuite que ce texte, écrit par Christian Chartier qui a été correspondant aux Pays-Bas du quotidien Le Monde, jette un regard sur Les Pays-Bas marqué par une civilisation où on attache une grande importance à la culture et aux valeurs de l'esprit, et où on ne doit jamais trop ouvertement parler de l'importance de l'argent. (1/2 à 1 page)*

5.13   Ecrivez

A   Vous êtes étudiant(e) et vous bénéficiez d'une petite bourse.
Depuis quelques mois cependant, vous n'arrivez plus à boucler
votre budget. La seule solution est de chercher un petit boulot,
ce qui est quasiment impossible parce que vous avez aussi cours
le soir. Vous êtes désespéré(e), mais vous faites une dernière ten-
tative: vous écrivez une lettre à une organisation privée qui offre
des bourses d'études pour leur demander une contribution mensuelle supplémentaire. Expliquez en une à deux pages votre
situation financière en décrivant les différents postes de votre
budget: logement, habillement, nourriture, transport, études, vacances etc.

Commencez votre lettre par *Madame, Monsieur* et finissez-la par
la formule *Dans l'attente de votre réponse, je vous prie de croire,
Madame, Monsieur, à l'expression de mes sentiments distingués.*

affaires

B   Voici un document (voir page suivante) qui représente les
différentes phases de la vente. Rédigez un texte où vous décrivez ces étapes, en vous servant de certains renseignements four-
nis dans le schéma. Résumez donc au lieu de tout reprendre.
(1 page).

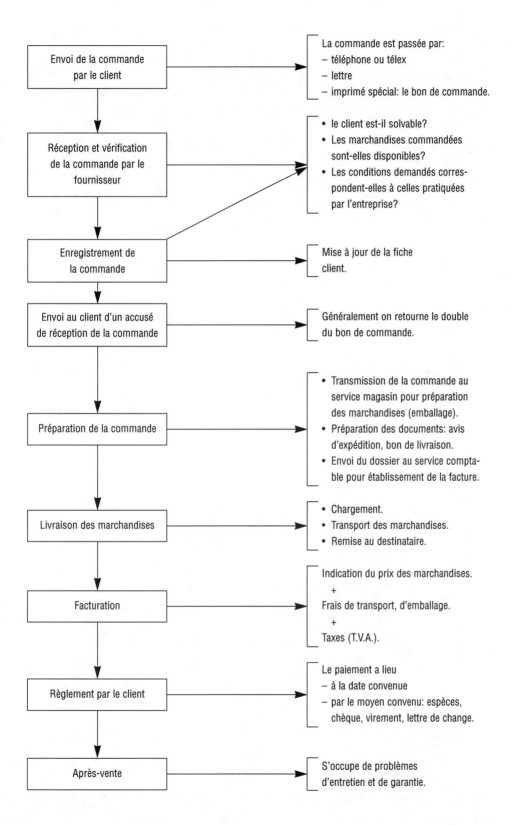

| Envoi de la commande par le client | → | La commande est passée par:
– téléphone ou télex
– lettre
– imprimé spécial: le bon de commande. |

Réception et vérification de la commande par le fournisseur →
- le client est-il solvable?
- Les marchandises commandées sont-elles disponibles?
- Les conditions demandés correspondent-elles à celles pratiquées par l'entreprise?

Enregistrement de la commande → Mise à jour de la fiche client.

Envoi au client d'un accusé de réception de la commande → Généralement on retourne le double du bon de commande.

Préparation de la commande →
- Transmission de la commande au service magasin pour préparation des marchandises (emballage).
- Préparation des documents: avis d'expédition, bon de livraison.
- Envoi du dossier au service comptable pour établissement de la facture.

Livraison des marchandises →
- Chargement.
- Transport des marchandises.
- Remise au destinataire.

Facturation →
Indication du prix des marchandises.
+
Frais de transport, d'emballage.
+
Taxes (T.V.A.).

Règlement par le client →
Le paiement a lieu
– à la date convenue
– par le moyen convenu: espèces, chèque, virement, lettre de change.

Après-vente → S'occupe de problèmes d'entretien et de garantie.

6 *Attention, ralentir: travaux*

LMQF 14, 15   *metro, boulot*

Hoe verdienen Nederlanders hun brood?

Traduisez les alinéas marqués d'un astérisque *.

1

1 * Ruim vijf miljoen mensen oefenen in Nederland een betaald beroep uit. **Eén op de tien personen** is ondernemer, en de overigen zijn werknemers. De mannen hebben bijna allemaal een voltijd- baan, maar 32% van de vrouwen die een salaris ontvangen, hebben

5 een deeltijdbaan. Dat is vermoedelijk te verklaren door het feit dat we nog steeds verwachten dat **vooral de vrouw** zich bezighoudt met het huishouden en de kinderen, zelfs als ze een baan heeft.

Er is vooral bij de jongere generatie wel verandering in die opvatting te bespeuren, en bijna alle ondervraagde Nederlanders

10 vinden dat de man thuis moet meehelpen als de vrouw buitenshuis werkt. Maar uit alle onderzoeken blijkt dat de meeste Nederlandse mannen thuis vrijwel geen hand uitsteken. De werkende vrouw heeft dan ook de minste vrije tijd van alle categorieën mensen. Ondanks dit alles is het percentage vrouwen dat een betaald beroep

15 verkiest boven het huishouden de laatste jaren vrij sterk toege- nomen.

* Andere belangrijke veranderingen **in** de beroepsarbeid zijn de werkloosheid en tegelijkertijd de vele arbeidsplaatsen waar nie- mand voor gevonden kan worden, de komst en integratie van gast-

20 arbeiders en **het kleiner worden** van de verschillen tussen de hoge- re inkomens en de lagere inkomens.

* **Terwijl** eeuwenlang de meeste mensen **hard** werkten in de *land- bouw*, werkt op het ogenblik slechts 6% van de beroepsbevolking in landbouw, tuinbouw, veeteelt en visserij.

25 Van de oude dorpsgemeenschappen is niet veel overgebleven en de karakteristieke huisjes die er op het platteland nog zijn, dienen nu vaak als tweede huis voor overwerkte stadsmensen. In de Flevo-polder of een ander aan vissers en zeilers onttrokken water- gebied dat tot land is omgetoverd, zie je op grote afstanden van

30 elkaar moderne bedrijven van waaruit met een indrukwekkend machinepark grote oppervlakten land bewerkt worden. Maar ook nu nog blijven seizoens- en weersinvloeden eisen stellen aan de werkindeling en zijn man en vrouw in het agrarisch bedrijf vaak van de vroege ochtend tot de late avond bezig.

35 * Na de oorlog werkte in de *industrie* nog bijna eenderde van de beroepsbevolking en nu is daar nog maar eenvijfde van over. Toch verdienen de 900.000 werknemers **in** de industrie bijna eenderde van ons nationale inkomen.

Het is dus niet zo gek dat de industrie zichzelf belangrijk vindt,

40 en dat er af en toe flink wat tegengas gegeven wordt tegen alle aan- vallen die er vooral in verband met de milieuvervuiling zijn. Met dergelijke argumenten laat ook Rotterdam van zich horen. In het Rijnmondgebied werkt maar 9% van de Nederlandse beroepsbe- volking, maar er wordt wel 14% van het nationale inkomen ver-

diend. 'In Rotterdam wordt gewerkt' is dus geen loze kreet. Maar als je bij Pernis het einde van de schoonheid in de wereld aanschouwt, is het ook niet moeilijk je aan de kant van de milieubeschermers te plaatsen. Met dogmatische kreten wordt dit konflict tussen de eis van voldoende productie en de wens tot behoud van natuur niet opgelost. Nieuwe ideeën, inzet, financiële middelen, zelf iets willen opofferen en bereidheid tot luisteren zijn nodig.

Dat is ook het geval voor de oplossing van een ander probleem in de industrie, namelijk de noodzaak van hogere productie en automatisering aan de ene kant, en de wens tot behoud van werkgelegenheid aan de andere kant. De meeste mensen in de industrie werken namelijk in de electronische, grafische, metaal- en chemische industrie. Meer dan de helft van alle beroepsarbeid is ongeschoold werk. Vooral in de industrie, maar ook in de havens en bij de reiniging en onderhoud is veel onaangenaam werk. 'Dat werk moeten we automatiseren,' zeggen sommigen. 'We moeten mensen die onaangenaam werk doen beter betalen,' menen anderen.

* Een **nog steeds toenemend aantal** mensen **kiest voor** een baan in de *dienstensector*. Deze sector omvat onder andere de beroepen **in** handel, vervoer, horeca[1] en gezondheidszorg. **Ook** veel ambachtelijke beroepen en de functies bij de overheid, die bijna een miljoen mensen in dienst heeft, horen bij de dienstensector. **In** totaal is meer dan 60% van de beroepsbevolking werkzaam in dit deel van de arbeidsmarkt. Steeds meer jonge afgestudeerden zoeken hun eerste baan **bij** de overheid.

Voor de sector gezondheidszorg en maatschappelijke dienstverlening geldt dat velen ervoor kiezen omdat zij willen helpen bij de verzorging, behandeling en begeleiding van zieken en gehandicapten en mensen die in geestelijke nood verkeren. Ook voor het onderwijs kiezen vele mensen om het plezier anderen iets te kunnen leren. In de ambachtelijke sector is het echter net omgekeerd: daar klagen de bedrijven dat ze geen vakmensen kunnen krijgen. Er is een groot tekort aan bijvoorbeeld loodgieters, stucadoors, timmerlieden en meubelmakers.

Naar: H. Galjaard, *Nederland*

[1] horeca – la restauration et l'hôtellerie

6.2   L'accord du verbe avec le sujet

Thuis steken de meeste mannen geen hand uit.
6% van de beroepsbevolking werkt in landbouw.

Lorsque le sujet est un nom de quantité au singulier (par exemple *une foule*) suivi d'un complément au pluriel on peut, en principe, choisir d'accorder le verbe au singulier ou au pluriel; mais généralement, l'accord se fait de préférence d'après le sens (ainsi souvent c'est le complément qui déterminera l'accord).

Une centaine d'adolescentes étaient venues acclamer leur idole.	Zo'n honderd meiden waren hun idool komen toejuichen.

Attention:

1 L'accord se fait toujours au pluriel après *la plupart* (suivi d'un complément au pluriel).
2 Après un pourcentage suivi d'un complément au pluriel, l'accord se fait toujours au pluriel en français:

5% (vijf procent) van de werknemers werkt 's nachts.	5% (cinq pour cent) des employés travaillent de nuit.

GP 20.3
NPW obs gr
II.3
ES 11.1.3 Choisissez la forme verbale (singulier ou pluriel) qui convient:

1 La plupart des Français – (trouver) normal que les femmes continuent à travailler quand elles ont des enfants.
2 La majorité des Néerlandais ne/n' – (être) pas d'accord sur ce point de vue, même si un nombre de plus en plus important de jeunes étudiantes – (dire) le contraire.
3 En France, le chômage touche beaucoup les jeunes. Environ 20% des jeunes de moins de 25 ans – (être) au chômage.
4 Un Français sur deux – (avoir) voté pour Chirac, mais plus de la moitié d'entre eux – (désapprouver) les essais nucléaires.
5 Environ 15% de la population – (voter) pour l'extrême-droite.
6 Un certain nombre d'étudiants – (être obligé) de travailler pour payer leurs études.
7 Une minorité de Français – (être) contre cette nouvelle mesure.
8 Un tiers des touristes ne – (comprendre) pas le français.
9 La foule de clients qui – (attendre) à la caisse m'– (avoir) barré le passage.
10 Un million de chats – (devoir) être vacciné(s).

6.3 Le travail

Trouvez un synonyme remplaçant le mot ou le groupe de mots en italique:

NPW werk,
betalen
oef 6.7 1 Ce travail est bien *payé*.
2 Ce mois-ci, il a *gagné* 5000 francs.
3 L'entreprise a *recruté* trois secrétaires.
4 *Les gens qui travaillent* doit/doivent cotiser pour les retraités.

5 Cet employé a été *renvoyé*.
6 Le chef du *département* des ventes est très gentil.
7 Il est *demandeur d'emploi*; voilà bientôt un an qu'il est *sans travail*.
8 Il *a pour tâche* de diriger le département des ventes.
9 Souvent les étudiants ont *un travail à temps partiel*.
10 Depuis ce matin, les ouvriers *ont cessé le travail*.

6.4 Adverbe ou adjectif

Het aantal werkende vrouwen is vrij sterk toegenomen.
De meeste mensen werken hard.

A la différence du néerlandais, la forme de l'adjectif et de l'adverbe ne sont presque jamais identiques en français.
L'adverbe se forme généralement en rajoutant *-ment* à l'adjectif mis au féminin.

Deze verkoper was een erg vriendelijke man.	Ce vendeur était un homme très aimable.
Hij vroeg vriendelijk of ik iets nodig had.	Il m'a demandé aimablement si j'avais besoin de quelque chose.
Ik houd van typisch Lyonese restaurants.	J'aime les restaurants typiquement lyonnais.

Il arrive cependant qu'exceptionnellement on utilise la forme de l'adjectif pour modifier le sens d'un verbe.

Hij werkt hard.   Il travaille dur.

Choisissez la forme (adjectif ou adverbe) qui convient:

GP 2.2.1.3, 3
ES 6, 17.1

1 Le pourcentage de femmes qui travaillent a – (erg veel) augmenté après la Seconde Guerre mondiale.
2 C'est un – (goede) employé; il travaille – (snel) et – (goed).
3 La cadence du travail à la chaîne est trop – (snel).
4 Il ne travaille pas – (efficient) et de plus son anglais est – (slecht). D'ailleurs, son français n'est pas – (beter).
5 Pouvez-vous parler – (luider)? Je vous entends – (slecht).
6 Son comportement est – (moeilijk) acceptable.
7 Voulez-vous venir demain? C'est – (goed). Je serai là à huit heures.
8 Ce travail lui convient – (uitstekend).
9 Il travaille le matin – (alleen maar); il travaille – (alleen) et pas en équipe.

1

1   Les 80 roses rouges embaument le petit studio. Yvonne Parmeland
pleure d'émotion: ses deux filles et ses deux petits-fils les lui ont
offertes pour ses 80 ans. A La Pastorale, la maison de retraite de La
Motte-Servolex (Savoie), les vieilles dames viennent admirer les
5   roses pendant que la grand-mère répète: '80 roses pour moi? Jamais
je ne l'aurais imaginé...'

Quand Yvonne raconte sa vie, on a l'impression qu'elle parle
d'une misère moyenâgeuse. **Des parents ouvriers agricoles** qui, à
chaque fin de récolte, entassent les bagages et les 8 gosses dans un
10   chariot à boeufs pour chercher de l'embauche dans un autre château, une autre ferme.

Yvonne a vécu beaucoup de malheurs: **un frère mort** dans les
tranchées de 14. Un autre, parti pour travailler pour les premiers
touristes anglais – il attachait leurs skis –, **mort de froid** une nuit.
15   **Une soeur emportée** par la tuberculose... Elle, jusqu'à 12 ans, travaille dans les fermes après la classe, elle lave la vaisselle et garde
les gosses. A 13 ans, **finie l'école**, elle travaille à plein temps comme
bonne et à l'usine... A 20 ans, elle épouse Luis, le plus beau garçon
du village. Seconde Guerre mondiale. Luis s'évade vite de son camp
20   de prisonniers, mais revient 'un peu bizarre'. Il boit sa maigre paie,
tabasse le soir en rentrant. Yvonne protège les enfants, cache les
sous dans le sucrier, descend chercher l'eau à la pompe, traîne la les-
siveuse jusqu'au lavoir: 'J'ai eu une vie très dure', conclut-elle.

Aujourd'hui, en ajoutant la retraite de Luis – décédé – à la sien-
25   ne, Yvonne touche 4500 francs par mois. Elle en verse 3 000 de pen-
sion à La Pastorale. Elle se sent non pas riche, mais, pour la première fois de sa vie, 'sereine'. Elle contemple, toujours incrédule, le
collier de perles et le peignoir de bain que lui ont offerts ses enfants.

Au mot 'enfants', on sent que la vieille angoisse qui l'a rongée
30   toute sa vie, la grignote de nouveau. Pourtant, ses deux filles s'en
sont tirées avec beaucoup de cran et grâce à beaucoup de cours du
soir; elles se sont lancées dans l'informatique et ont, aujourd'hui, un
bon emploi à la Banque de Savoie. Les petits-fils élégants et bran-
chés travaillent dans l'informatique et la communication. **Sortis du
35   malheur**, donc? C'était vrai jusqu'à cette année. La banque parle de
suppression d'emplois, et un des gendres, mécanicien, a perdu son
travail. Un de ses petits-fils, Christophe, est encore en classe, mais
l'autre, Guillaume, vient d'essuyer un an de chômage. Yvonne a
recommencé à faire des économies. Pour eux. 'On ne sait jamais.'

D'après: *L'Express*

6.6   Le pronom personnel

Ils les lui ont offertes.
Elle en verse 3000.

Quand on veut remplacer un substantif *nom de chose* par un pronom, on utilise le pronom *en*, si le verbe se construit avec la préposition *de*.
　　Il parle toujours de son travail!　　Il *en* parle toujours!

Si le verbe se construit avec *à*, on utilise le pronom *y*.
　　Il attache beaucoup d'importance　　Il *y* attache beaucoup d'importance.
　　à son travail.

Quand on veut remplacer un substantif *nom de personne* par un pronom, on utilise le pronom disjoint (*moi-toi-elle/lui-nous-vous-elles/eux*), si le verbe se construit avec la préposition *de*. Mais si le verbe se construit avec la préposition *à*, on utilise un pronom conjoint (*me-te-lui-nous-vous-leur*).
　　Il parle toujours de ses enfants.　　Il parle toujours d'*eux*.
　　Il ne parle plus à sa voisine.　　Il ne *lui* parle plus.

Remarque: Le pronom *y* sert également à remplacer un complément circonstanciel de lieu, même si celui-ci n'est pas introduit par la préposition *à*.
　　Il habite *au* Maroc depuis dix ans.　　Il *y* habite depuis dix ans.
　　Il travaille *en* Angleterre depuis　　Il *y* travaille depuis trois mois.
　　trois mois.

Attention: il existe néanmoins en français quelques verbes suivis de la préposition *à* qui se construisent toujours avec un pronom disjoint, même lorsqu'il s'agit d'une personne. Par exemple: faire attention à, penser à, s'intéresser à etc...
　　Heureusement, elle ne pense plus　　Heureusement, elle ne pense plus à
　　à Marc.　　lui.

Traduisez les phrases suivantes en remplacant les mots et groupes de mots en italique par un pronom personnel.

Emmanuel Le Roy Ladurie, célèbre historien français, a publié il y a quelques années un livre sur une famille suisse de la Renaissance, intitulé Le siècle des Platter. *Le livre vient d'être publié en traduction néerlandaise. Voici une partie d'un entretien avec Le Roy Ladurie.*

GP 13
ES 7.1

1　Wanneer heeft u *de Platters, die fascinerende familie uit Zwitserland* ontdekt?
2　Ik heb kennis met *deze familie* gemaakt in 1958, toen ik hoogleraar was *aan de faculteit der Letteren in Montpellier.*
3　Er zijn minstens twintig *Platters* geweest die *in die stad* medicijnen hebben gestudeerd.

4 Welke problemen heeft u gehad, omdat de Platters *hun dagboeken* schreven in een Duits dialect?

5 De tweede zoon schreef een taal die lijkt *op het klassieke Duits*.

6 Verder heeft een historica uit Genève *mijn medewerkers en mij* geholpen het dialect van de vader te ontcijferen.

7 Vindt u *die Thomas Platter* heel aardig?

8 Misschien identificeer ik *deze Thomas* met *een andere Platter die ik heb gekend en die herder was geweest in de Dauphiné*.

9 Ik heb me trouwens altijd geïnteresseerd *voor wat 'boerenautobiografieën' genoemd wordt*.

10 Gelukkig heeft Felix Platter *zijn vader* gevraagd *om zijn Memoires te schrijven*.

6.7 Le travail

NPW werk
oef 6.3

1 Chantal Carte, 36 ans, est éducatrice; elle – (werkt halve dagen).

2 Ce n'est pas son premier – (baan): à l'âge de 24 ans, elle ouvre une épicerie à Moulins.

3 Au début, cela marchait bien, elle a même dû – (in dienst nemen) une fille pour l'aider à la caisse.

4 Huit ans plus tard, c'est la douche froide. Une grande surface s'installe et l'épicerie – (gaat failliet).

5 Pendant cinq ans, Chantal est – (werkloos).

6 Mille fois elle a – (gesolliciteerd naar) un poste.

7 Pendant quelques années, elle – (werkt in de horeca), mais cela ne lui plaît pas.

8 Finalement – (het arbeidsbureau) lui propose une formation d'éducatrice spécialisée.

9 Chantal s'y plonge, elle adore les enfants; une fois qu'elle a obtenu son diplôme, elle décroche – (een deeltijdbaan) dans l'hôpital de la ville.

10 Après 36 mois de contrat à durée limitée, elle a maintenant – (een vaste betrekking).

6.8 L'ellipse

Des parents ouvriers agricoles qui cherchent de l'embauche.
Un frère mort dans les tranchées.

Une phrase elliptique est une phrase dans laquelle il manque un élément. Parfois cela peut-être le verbe, parfois le sujet. Dans la traduction en néerlandais, il vaut mieux compléter la phrase (en ajoutant un verbe, un sujet etc.).

Hélas, l'été est terminé. Finies les longues soirées en terrasse à discuter de tout et de rien.	Helaas, de zomer is over. Voorbij zijn de lange avonden die we buiten op op een terras doorbrachten, pratend over koetjes en kalfjes.

Indiquez dans chacune des phrases l'ellipse. Proposez une traduction en néerlandais de ces ellipses.

1 L'attrait puissant que *Le Petit Prince* exerce sur les enfants est bien connu: il les captive et les séduit. Qu'en retiennent-ils? Mystère.

2 Mais ce récit fait partie des histoires qu'ils aiment entendre. Et réentendre.

3 Le Petit Prince, tombé d'une autre planète, rencontre un homme, seul au milieu du désert en train de réparer son avion. Puis, cette simple question: 'S'il vous plaît, dessine-moi un mouton..'

4 Le mouton que le pilote dessine ne sera jamais celui que le Petit Prince veut avoir; voilà pourquoi le pilote dessine une caisse et dit: 'Le mouton que tu veux est dedans...'. Et le Petit Prince.... ravi bien sûr du mouton qu'il pourra imaginer lui-même!

5 Et la rose aimée qui fait souffrir le Petit Prince? 'Ce que je préfère dans cette histoire, c'est la rose', nous dit un petit garçon d'une huitaine d'années.

6 La guerre entre les moutons et les roses? Elle paraît naturelle aux petits lecteurs. C'est si vrai que les roses fabriquent des épines pour se protéger des moutons.

7 Mais les plus âgés aussi sont sensibles aux critiques des 'grandes personnes' que met en scène ce livre. Le monarque absolu, le buveur, le businessman, l'allumeur de réverbères, tous des personnages qui font rire.

8 Un moment clef de l'histoire: la rencontre avec le renard. 'Tu deviens responsable pour toujours de ce que tu as apprivoisé', dit-il au Petit Prince.

9 A la fin du conte, les jeunes lecteurs ne savent pas ce qu'est devenu le Petit Prince. Mort, ou tout simplement parti rejoindre la rose?

10 Là encore, l'auteur touche juste, par cette ambiguïté. A l'écoute de ce passage, un garçon dit: 'Je pense souvent à ma mort, mais je n'arrive pas encore à croire que je vais mourir comme tout le monde'. Des vérités éternelles sous forme d'images puissantes et poétiques.

N-F 6.9 Metro doet Randstad[1] in een uur

2

1 De vier steden in de Randstad moeten door een ondergrondse
metro met Schiphol worden verbonden. De rit **door** de Randstad
duurt dan slechts één uur. Van deze ringlijn kunnen ook de hoge-
snelheidstreinen van de toekomst gebruik maken. **Met** deze metro
5 zal de reiziger **in** ongeveer twintig minuten van de ene stad naar de
andere kunnen reizen.

Met dit voorstel nam professor M. van Witsen, expert op het
gebied van vervoer, na zestien jaar afscheid van de Technische
Universiteit van Delft. Het idee van de ondergrondse ringlijn lost
10 het probleem van de Randstad op die bestaat uit vijf kernen, die
door een groot aantal wegen met elkaar worden verbonden. De
kracht van de Randstad echter is de ringvormige structuur van de
stedelijke bebouwing[2] met een Groen Hart in het midden. Deze
structuur wordt **nu** ook in het vervoer geaccentueerd. Zo zijn alle
15 kernen **aan** de ringlijn gelegen en veranderen de steden in een echte
metropool.

Volgens de hoogleraar moet de auto niet beschouwd worden als
de oplossing van het verkeersprobleem. Het openbaar vervoer moet
zo aantrekkelijk worden dat het de mensen uit de auto verjaagt. We
20 moeten overigens ook de auto bewuster gaan combineren met het
openbaar vervoer **door** parkeerplaatsen aan te leggen bij de grote
stations. Openbaar vervoer en individueel vervoer beconcurreren
elkaar nog te vaak. Bij de TU-Delft echter wil men **zo veel mogelijk**
profiteren van beide soorten vervoer **door** ze met elkaar te verbin-
25 den. Autowegen, fietspaden, parkeerplaatsen zullen **dan ook** vlak
bij de grote stations van het openbaar vervoer moeten liggen.

In de zestien jaar dat Van Witsen hoogleraar was, zijn de opvattingen over openbaar vervoer gewijzigd. **In** de jaren zeventig had
het openbaar vervoer nauwelijks toekomst. Politici wilden dat
30 iedereen een auto had. Er werden veel wegen aangelegd. Men sprak
over vier groepen van mensen die gebruik maakten van het openbaar vervoer: de werklozen, de buitenlanders, de armen en de jongeren. Nederland accepteerde het openbaar vervoer nauwelijks. Nu
ziet men het als een middel om de groei van het autoverkeer te
35 beperken.

Naar: *De Volkskrant*

[1] Randstad – la Randstad
[2] stedelijke bebouwing – l'urbanisation (f.)

6.10 Met

Met de metro ben je er in twintig minuten.
De wegen worden met elkaar verbonden.

Met ne peut pas toujours se traduire en français par *avec*. La traduction de *met* après un verbe dépend de la préposition qui suit le verbe français:

Dat komt niet overeen met de beschrijving.	Cela ne correspond pas à la description.

Parfois on traduit *met* de préférence en ayant recours à un étoffement de la préposition, par exemple en utilisant *ayant* ou *qui a*.

Het is een kind met veel geduld.	C'est un enfant qui a beaucoup de patience.
De stad met de meeste bioscopen.	La ville comptant (ayant) le plus de cinémas.

Samen met se traduit en français par *avec*.

Hij wandelt samen met zijn vriendin.	Il se promène avec sa copine.

NPW *met*
oef.: 9.5

1 Met deze nieuwe metrolijn zijn we binnen een kwartier in het centrum van de stad.
2 Hij komt met de trein van negen uur; meestal gaat hij trouwens met de auto naar zijn werk.
3 Met deze woorden opende hij de deur en liep naar buiten.
4 De prijzen zijn met tien procent gestegen.
5 Het bord met het woord 'Gevaar' was bedekt met een laag sneeuw.
6 Hij is een jonge schrijver met talent.
7 Zij is samen met haar moeder naar het kerkhof gegaan.
8 Het boek met de titel Z is bekroond met de Prix Goncourt.
9 Met een verbaasd gezicht keek hij mij aan en zei met trillende stem: 'Ja'.
10 Ik wilde beginnen met hem te vragen wat hij met zijn geld gedaan heeft.

6.11 Gérondif

Le gérondif a la forme du participe présent précédé de *en*. Il est très fréquent en français, car il peut exprimer:

La simultanéité:

Zij werkt terwijl zij naar radio luistert (Onder het werken luistert ze naar de radio).	Elle travaille en écoutant la radio.

La manière:

Zij liep bibberend naar hem toe.	Elle avança vers lui en tremblant.

Le moyen:

Ik heb Frans geleerd door naar liedjes te luisteren.	J'ai appris le français en écoutant des chansons.

La concession: (souvent précédé de *tout*)

Hij schreef haar terwijl hij wist dat zij hem niet zou antwoorden.	Il lui écrivit (tout) en sachant qu'elle ne lui répondrait pas.

La condition:

Je zou gelukkiger zijn, als je je werk minder serieus zou nemen.	Tu serais plus heureux en prenant ton travail moins au sérieux.

GP 25.4
oef 9.9
ES 13.2

1 Door het bouwen van een nieuwe brug hoopt men het aantal files te verkleinen.
2 Het probleem kan sneller worden opgelost door gebruik te maken van deze gegevens.
3 Hoewel hij duur is, blijft de auto nog steeds het favoriete vervoermiddel.
4 Toen ik de garage uitreed, hoorde ik een vreemd geluid.
5 Je zult die baan zeker krijgen als je het zo aanpakt.
6 Schreeuwend en vloekend stapte hij in de metro.
7 Als je niet te snel rijdt, geniet je meer van het landschap.
8 Door de fiets te nemen ben je sneller thuis.
9 Al doende leert men.
10 Je hebt hem boos gemaakt door voortdurend met hem te spotten.

F-N 6.12   Le rôle des transports dans la ville

2

1 Le développement des transports urbains est toujours allé de pair avec celui des villes. En effet, celles-ci n'ont de raison d'être que dans la mesure où elles rassemblent des personnes très diverses qui peuvent communiquer entre elles et se rencontrer.

5 Dans le passé, les transports ont invariablement joué un rôle plus important que prévu. Tout d'abord, **en fixant** la taille des villes: une heure de trajet a le plus souvent correspondu au rayon des plus grandes villes, soit de quatre à cinq kilomètres à l'époque de la marche à pied, une dizaine à celle des omnibus à chevaux (début du

10 XIXe siècle), une trentaine lors de l'apparition des chemins de fer de banlieue (vers 1900), jusqu'à 50 ou 60 (Los Angeles) au moment où naissent les autoroutes urbaines. Pourtant, la plupart des révolutions dans les transports ne concernaient pas les transports urbains, qui en ont bénéficié par la suite, de façon imprévue. Ainsi, le che-

15 min de fer a été conçu pour des liaisons de ville à ville, sans qu'il soit prévu de gares dans les localités proches des grandes villes. On pensait d'autant moins à un trafic de banlieue que celle-ci, au milieu du XIXe siècle, n'existait pas encore.

L'automobile elle-même n'a pas été conçue pour la ville, et, cent

20 ans **après son introduction sur le marché**, on s'interroge pour savoir qui, de la ville ou de l'automobile, doit s'adapter à l'autre. Le

parc automobile d'Europe double en effet actuellement tous les huit ans. Jusqu'au début du XXe siècle, la voiture ne posait pas de problème. Le réseau routier ne se composait guère que de pistes[1] reliant
25   deux villes, villages ou hameaux. Le premier problème se présente vers 1900: la poussière. On commence alors à «revêtir» les itinéraires importants: le goudron triomphe. **Il faudra attendre** les années trente, voire la fin de la Seconde Guerre mondiale, pour voir les routes se transformer en véritables artères.

D'après: *Encyclopedia Universalis*

[1] Vertaal: onverharde wegen.

6.13   Cultures vice versa

Gesprek met Franse zakenlieden, werkzaam in Nederland

'Als wij het hebben over de kwaliteit, praten de Nederlanders over de prijs.' Dat valt de Fransen die zaken doen met Nederlanders het meest op. Directeur Patrick Debrot van Renault Nederland formuleert het wat bedekter. 'De Nederlanders zijn allemaal al eeuwen bezield door handelsgeest. Onderhandelen zit de mensen hier in de genen. Dat leidt tot een aanzienlijke druk op de prijzen, die nog eens versterkt wordt door de hoge belasting op auto's. We hebben in Nederland veel meer aanbiedingen dan in andere landen. We zijn dus sterk georiënteerd op de prijs van de auto's in plaats van op extra accessoires. Dat willen onze klanten'. Nederlanders houden volgens Debrot van innovatie en van scherpe prijzen.

Frank Bouchard probeert als directeur van Thomson Multimedia Benelux ruimte te veroveren voor de Franse gigant in de consumentenelectronica. Ook hij heeft in de twee jaar dat hij in Nederland is, gemerkt dat reclames en aanbiedingen de sleutel tot de Nederlandse markt vormen. 'Dat behoort hier tot het abc van het zakendoen,' zegt hij. 'Nederlanders onderhandelen heel hard. Ze zitten op hun centen, want een cent blijft een cent. Heb je ze niets bijzonders te bieden, geen aanbiedingen, dan hebben ze heel vaak meteen ook geen tijd voor je'.

Er is nog een tweede, belangrijk verschil tussen Nederlandse zakenlieden en Franse. Guillaume Bode van de Datar, het bureau dat buitenlandse investeerders moet interesseren voor Frankrijk: 'Vergaderingen verlopen volgens een agenda en efficiënt van de eerste tot de laatste minuut. In Frankrijk is het heel gewoon dat er ook over de kinderen of over sport wordt gepraat. Hier worden zaken en privé gescheiden gehouden'.

Hélène de Leudeville is directrice van een internationaal headhunters- en adviesbureau. Zij woont al dertien jaar in Nederland en heeft zich inmiddels laten naturaliseren. 'Fransen zijn vaak heel creatief en vernieuwend bezig, maar ze zijn nauwelijks georganiseerd. Alles gebeurt op het laatste moment, met veel kunst en vliegwerk. Uiteindelijk komt het wel op zijn pootjes terecht, maar Nederlanders hebben de neiging om daar nerveus van te worden. Die zijn minder creatief, en veel planmatiger'. Zelf geeft ze de voorkeur aan de Nederlandse aanpak bij een vergadering. 'Minder gefilosofeer, strak geleid en gericht op de besluiten die genomen moeten worden, met als resultaat dat er meer uitkomt'.

De Leudeville heeft nog wel een praktische tip. 'Je moet het een beetje emotioneel maken. Leg je zakenpartner uit dat hij je echt moet helpen, omdat je anders in de problemen komt. Dan zal hij al het mogelijke doen om je terwille te zijn. Omdat je een persoonlijk beroep op hem doet'. Ze wijst ook op een heel ander verschil. 'Fransen maken veel langere werkdagen, ze leven volgens een ander ritme. In de kantoren in La Défense branden de lichten al vroeg en bij de managers blijven ze vaak branden tot acht of negen uur 's avonds. Vind je het gek dat die mensen dan een redelijke lunch gebruiken'.

De Nederlandse zakelijkheid komt soms dicht in de buurt van botheid. 'Een Franse zakelijke brief en een Nederlandse zijn twee heel verschillende dingen', zegt Bode. 'Fransen schrijven zo'n brief heel omzichtig, met veel voorwaardelijke wijzen, misschien, wellicht enzovoorts. Nederlanders zijn heel direct.' Het gevolg is dat Fransen nog al eens denken: nou, nou, die blaast hoog van de toren, terwijl Nederlanders zich afvragen waar die Fransen in godsnaam naar toe willen. Bode komt met een recent voorbeeld. Een Nederlandse onderneming overwoog een productiebedrijf te vestigen in Zuid-Frankrijk. 'Het betrokken regiobestuur schreef dat bedrijf een beleefd briefje waarin ze verschillende subsidiemogelijkheden aangaven en een aantal gebouwen aanboden.' Het Nederlandse bedrijf antwoordde met een verlanglijstje waarin het zonder veel plichtplegingen zijn eisen formuleerde: twee gebouwen, financiële steun, degelijke garanties. Aan het slot van de brief kreeg het regiobestuur een aantal dagen bedenktijd voor zijn beslissing. 'De lokale bestuurders waren nogal geschokt door de stijl van die brief waarbij de onderhandelingsfase gewoon overgeslagen werd. Nederlanders houden er nu eenmaal niet van tijd te verliezen of om de hete brij heen te draaien.'

Toch, en dat benadrukken alle gesprekspartners, is het goed zakendoen in Nederland. Het Franse bedrijfsleven stelt zich ook anders op dan vroeger. 'Tegenwoordig spreken de meeste Fransen die hier komen werken al heel snel redelijk Nederlands. Dat is essentieel, want doe je dat niet, dan is de kans op verwarring groot.'

Naar: *Vrij Nederland*

Dans cet article, il est question d'une lettre écrite par une entreprise néerlandaise qui, à cause de son style, a choqué le conseil régional du Centre de Création des Entreprises.
A vous maintenant de rédiger cette lettre en tenant compte des remarques faites sur le style et en vous inspirant des éléments suivants:

Imaginez le nom de votre société et le lieu ou la région d'implantation.
Remerciez le conseil régional de leur réaction.
Redéfinissez l'objet de votre société (La société a pour objet la fabrication de ...).
Rappelez les raisons pour lesquelles vous avez décidé d'implanter votre société dans cette région (avantage géographique, situation économique - industries, coopération, population – main d'oeuvre, infrastructures – lignes aériennes, autoroute, port).
Vous avez besoin de deux bâtiments: usine et bureau.
Acheter des terrains etc. est un investissement coûteux.
Vous voudriez bénéficier d'une subvention pour l'achat des terrains, la création d'une nouvelle entreprise etc.
Vous voudriez avoir des garanties en ce qui concerne le logement du personnel néerlandais, la construction de routes, les impôts fonciers dans un proche avenir etc.
Vous proposez poliment un délai dans lequel vous espérez recevoir une réponse.
(Evitez dans la mesure du possible les répétitions).

Commencez votre lettre par Monsieur *et finissez-la par la formule* Dans l'attente de votre réponse, nous vous prions de croire, Monsieur, à l'expression de nos sentiments distingués.

6.14 Ecrivez

A1 Résumez le texte 6.1 en 200 mots.

A2 Décrivez le métier de votre grand-père ou celui d'un autre membre de la famille. Précisez sa formation professionnelle, sa fonction, les conditions de travail, horaires et congés par semaine, l'âge de la retraite etc.

affaires

B1 Vous répondez à une petite annonce parue dans le journal. Une entreprise d'import-export internationale recherche un représentant. Vous rédigez votre lettre de candidature ainsi que votre C.V. (Soyez aussi précis que possible quant à votre formation et vos aptitudes. Pensez aux langues et à l'informatique

etc. N'oubliez pas de parler de votre expérience professionnelle).

B2 Vous suivez une formation de traducteur. Avant de terminer
vos études, vous aimeriez faire un stage en France, de préférence dans un cabinet d'avocats, étant donné que vous voudriez vous spécialiser dans la traduction de textes juridiques.
Rédigez une lettre de candidature ouverte accompagnée d'un
C.V. (curriculum vitae) à l'étude suivante en motivant votre
choix.

Cabinet Janssen & Delaforêt
23 rue de la Boétie
75007 Paris

7 *Ce que tu sèmeras, tu moissonneras*

LMQF 16, 17   *aux champs et à l'usine*

De kleine winkeltjes in de Rijnstraat

1

1   Harry Sacksioni (70) nam 42 jaar geleden de zaak van zijn vader over. 'Eigenlijk ben ik **hem** gewoon opgevolgd,' zegt hij lachend. Het kleine winkeltje is tot aan het plafond volgestopt met sloffen sigaretten, dozen sigaren en snoep. Uiteraard wordt ook de cd van
5   zijn beroemde zoon, de gitarist Harry Sacksioni, verkocht.

     Hij beheert zijn bedrijf **samen met** zijn vrouw Rie – die een hekel aan **roken** heeft. Hun werkweek duurt 50 uur: 'We hebben niemand meer in dienst!' Toch geeft hij de voorkeur aan zijn zaak boven de baan **als** geschoolde arbeider in de hoogovens, waar hij het mini-
10   mumloon verdiende. 'Ik heb ook in de bouw gewerkt, maar daar werd ik vrij snel ontslagen. En de werkeloosheid was toen al **hoog**.'

     In de handel zijn de zaken altijd goed gegaan. 'Ik kan goed met mijn klanten opschieten. Veel mensen komen hier **dan ook** een praatje maken. Er zijn natuurlijk heel wat winkels failliet gegaan.
15   Een zaak die vroeger twee ton waard was, levert vandaag de dag **nog maar** twintigduizend op. Vroeger zaten hier **wel tien** sigaren-winkels in de buurt, daar is nu nog maar de helft van over. Er waren toen ook nog veel meer andere bedrijfjes: kleine winkeliers, maar ook een smid, een loodgieter. Dat was handig! Als er een lek was, of
20   als de kraan het niet meer deed, **hoefde je maar** te wachten tot ze langskwamen. En er werd veel meer gerookt dan nu, dus automon-teurs, timmermannen, kortom alle handwerklui kwamen vaker langs! De winst is niet erg hoog, daarom verkopen we nu ook tijd-schriften. En telefoonkaarten. Vroeger kon je hier een girorekening
25   openen, maar dat was te gevaarlijk met al dat geld: er zijn **de laat-ste jaren** zoveel overvallen geweest!

     Mijn kinderen willen de winkel niet voortzetten, omdat ze ande-re interesses hebben. Misschien dat Harry in dit pand **nog eens** een gitaarzaak opent.'

Naar: *Het Parool*

7.2   La voix passive

Uiteraard wordt ook de cd van zijn beroemde zoon verkocht.
Daar werd ik vrij snel ontslagen.

Les formes les plus fréquentes de la voix passive sont:

De zaak *wordt* overgenomen door de zoon.	Le commerce *est* repris par le fils.
De zaak *werd* overgenomen door de zoon.	Le commerce *était/fut* repris par le fils.
De zaak *is* overgenomen door de zoon.	Le commerce *a été* repris par le fils.
De zaak *was* overgenomen door de zoon.	Le commerce *avait été* repris par le fils.

Au présent et à l'imparfait, on ne peut se servir de la voix passive que si le verbe est accompagné d'un élément qui marque *l'action* (par exemple un complément d'agent ou un complément de temps). Sinon, on recourt à la voix active (*on*...) ou, parfois, à la forme pronominale:

De verwarming wordt aangezet.   On allume le chauffage.
cf. De verwarming is aan.   Le chauffage est allumé.

Attention: la construction impersonnelle de la voix passive (er wordt/er zijn etc.) est très rare en français. Il faut donc souvent choisir une autre solution:

Er is een nieuwe weg aangelegd.   On a construit une nouvelle autoroute.

GP 18
oef 1.4
ES 12.1

1 Deze artikelen zijn vorig jaar vertaald.
2 De deur werd geopend; binnen werd er gelachen.
3 Zijn laatste schilderijen worden daar ook verkocht.
4 Dit boek is geschreven in het Japans. Ik kan het niet lezen.
5 Alle studenten waren op de hoogte gebracht van het nieuwe programma.
6 De vergadering werd bijgewoond door het hoofd van de afdeling.
7 'Ik werd meteen aangenomen', antwoordde hij.
8 Er zijn geen nieuwe maatregelen genomen.
9 Besloten werd de kwestie opnieuw te bespreken.
10 Volgens de krant zou hij aan de grens gepakt zijn door de politie.
11 Het publiek werd verzocht naar buiten te gaan.
12 Mijn poes is overreden door de witte auto.

7.3   Compléments adverbiaux de temps

Harry Sacksioni nam 42 jaar geleden de zaak van zijn vader over.
Er zijn de laatste jaren zoveel overvallen geweest.

NPW jaar, tijd
oef 2.2, 4.3, 8.3

1 Zes jaar geleden heeft Claire een tijdje in Parijs gewoond.
2 Ik heb hem al heel lang niet gezien. Ik heb geen tijd hem op te zoeken.
3 Dat is een hele tijd geleden.
4 De laatste tijd komt mijn collega nooit meer op tijd op zijn werk.
5 Hij werkte al jaren bij Renault toen hij op zekere dag besloot van baan te veranderen.
6 Jarenlang analyseerde hij de nieuwe gegevens.
7 Hoewel zij nog altijd boos op mij is, hoop ik haar volgend jaar weer te zien.
8 In de jaren vijftig bedroeg de werkweek vijfenveertig uur, nu is deze zesendertig uur.

9 In de tijd van Balzac had men geen electriciteit; in die tijd gebruikte men kaarsen.

10 Na tien jaar slaagde hij erin de oplossing te vinden.

7.4 Ook

Uiteraard wordt ook de cd van zijn zoon verkocht.
Veel mensen komen hier dan ook een praatje maken.

Faites attention à la traduction de l'adverbe *ook*.
Ook se traduit par *aussi, également*. Il se place généralement après le mot auquel il se rapporte:

Mijn vader werkt, maar hij moet ook de boodschappen doen.	Mon père travaille, mais il doit aussi faire les courses.

Si *ook* se rapporte à un nom, on peut parfois ajouter un pronom personnel disjoint après le nom pour lui donner plus de relief:

Ook mijn vader moet de boodschappen doen.	Mon père *lui* aussi doit faire les courses.

La tournure *dan ook* (conséquence logique) se traduit par *aussi* en tête de la phrase avec inversion (complexe) du sujet, ou par *c'est pourquoi*:

Mijn moeder is weg. Mijn vader moet dan ook de boodschappen doen.	Ma mère n'est pas là. Aussi mon père doit-il faire les courses.

La négation *ook niet* se traduit par *ne...pas...non plus*; mais si le verbe est absent, par *non plus*:

Mijn vader doet ook de boodschappen niet.	Mon père ne fait pas les courses non plus.
En ik ook niet!	Et moi non plus!

NPW *ook*

1 Het is een aardige man. De klanten kopen dan ook vaak bij hem.

2 Ook mijn moeder doet haar boodschappen in die winkel.

3 De arbeiders weten echter ook niet dat de fabriek gaat sluiten.

4 Dat postkantoor is niet alleen op zaterdag, maar ook op zondag geopend.

5 Zijn vrouw is misschien niet gelukkig. Maar hij ook niet!

6 Ook deze tekst moet nog nader bestudeerd worden.

7 Ik begrijp er ook niets van.

8 Hij heeft ook de laatste pagina's gecorrigeerd.

9 Weet u misschien ook hoe laat het is?

10 Hij is werkeloos en nu heeft hij ook nog zijn vrouw verloren.

1

1   *Les Georgeon*
Pierre et Anne Georgeon font de l'élevage de veaux. Ils cohabitent
avec les parents de Pierre. Leur petite exploitation se trouve dans le
département du Cantal et ne dépasse pas les 16 hectares. Leurs 24
5   vaches leur donnent chaque année 24 veaux de haute qualité pour
la vente. Ils ont 23 ares de vignes et ils élèvent aussi des poules et
des lapins.

Georgeon avoue que leurs bénéfices nets sont en-dessous du
Smic. Grâce à des logements dont ils sont propriétaires et qui leur
10   rapportent un loyer de 2000 francs net par mois, ils arrivent tout
juste à joindre les deux bouts. Comme beaucoup d'agriculteurs, les
Georgeon se plaignent de la hausse des charges d'exploitation.

Les Bonnefoi
15   Alors que les Georgeon, **eux**, préfèrent utiliser des méthodes traditionnelles, d'autres éleveurs, comme Yves et Marie Bonnefoi, bre-
tons, ont choisi d'élever des porcs dans des installations modernes.
Tous les ans, ils obtiennent de leurs 74 truies 20 petits cochons par
truie au maximum, et cette production garantit d'habitude leur
20   revenu.

Par précaution, ils ont aussi 75 bovins, dont s'occupe leur seul
salarié agricole; la vente de vaches leur **permet** au besoin de compenser leurs pertes. Le fumier des porcs sert d'engrais pour l'herbe
et celle-ci sert de nourriture pour les bovins. Pour financer tout cela,
25   ils se sont endettés jusqu'à la somme de 690.000 francs au Crédit
Agricole.

Les Lentillon
Les gros exploitants ont de meilleures chances de réussir et les
30   Lentillon en sont un exemple. Gaston Lentillon cultive des betteraves et des céréales (du blé, du seigle et de l'avoine) sur ses 140 hectares non loin de Soissons. En réalité, il dirige une entreprise, car il
a deux salariés.

Ses terres sont toutes de tailles grande et moyenne et il a donc pu
35   **se mécaniser**. Selon lui, un agriculteur sérieux doit être à la fois
chercheur, mécanicien, comptable, commerçant et chimiste.

Sa femme s'occupe de leurs enfants et fait de la peinture. La
famille vit à l'aise. Ils possèdent non seulement leur maison mais
aussi d'autres propriétés dans le village. Ils peuvent se permettre
40   des vacances en été et vont aux sports d'hiver.

Ambitieux, Gaston Lentillon voudrait **développer** son exploitation. Mais le prix des terres l'en empêche. Il s'inquiète aussi de ne
pas pouvoir compenser l'augmentation des charges par une plus
grande productivité.

D'après: *La France, culture, économie, commerce*

7.6 Epithète détachée

Ambitieux, Gaston Lentillon voudrait développer son exploitation.

En français, un (pro)nom est parfois précédé ou suivi d'un adjectif, d'un nom, d'un participe présent ou passé dont il est séparé par une virgule.

Paniquée, la femme se mit à courir.   De vrouw, die volkomen in paniek
                                        was, begon te hollen.

Ces épithètes détachées peuvent avoir plusieurs valeurs: causale, explicative, temporelle ou concessive. Le néerlandais n'emploie que très rarement ce genre de constructions et se sert plutôt d'une subordonnée adverbiale ou adjective, ou d'une nouvelle proposition principale.

Fils d'un pianiste, il allait souvent   Omdat hij de zoon van een pianist
au concert.   was, ging hij vaak naar concerten.
                                          Hij was de zoon van een pianist en
                                          ging daarom vaak naar concerten.
Il se leva précipitamment, sachant   Hij stond snel op, hoewel hij wist
pourtant qu'il arriverait en retard.   dat hij te laat zou komen.

GP 2.1.3.2,
3.2.2, 5.7, 5.9.1
oef 8.12, 11.6
ES 13.1.1

1   Ambitieux, Gaston Lentillon voudrait développer son exploitation.
2   Le chauffeur, têtu comme une mule, voulait partir sans tarder.
3   Belle, blonde, et un peu bête, l'Allemande Claudia Schiffer réussit à devenir mannequin.
4   Ne sachant plus à quel saint se vouer, il a brusquement fait demi-tour et s'en est allé.
5   Furieux, il jeta sa fourchette par terre.
6   Rouge de honte, elle a avoué que c'était elle qui avait écrit la lettre.
7   Agressif, grossier, son nouveau mari déplaît à tout le monde.
8   Mal enfoncé, le clou dépassait du bois de deux centimètres.
9   Se sentant de plus en plus mal, il a fermé les yeux.
10 Gros comme il ne l'avait encore jamais été, l'oncle Edouard ne mangeait pour autant pas moins qu'autrefois.
11 Très jeune encore, ce garçon devait déjà gagner sa vie.
12 Le car s'est renversé, écrasant deux moutons qui broutaient au bord de la route.

7.7 Permettre

La vente de vaches leur permet de compenser leurs pertes.
Ils peuvent se permettre des vacances.

En général, quand *permettre* se construit avec un sujet animé, on peut tout simplement traduire par *toestaan*.

Cependant, *permettre* se rencontre aussi dans des phrases avec un sujet nom de chose où il signifie *rendre possible*. Dans ces cas-là, *permettre* se traduit entre autres par *door + kunnen* etc.

Son travail lui permet de faire de grands voyages.	*Door* zijn werk *kan* hij verre reizen maken.
Je travaille à mi-temps, ce qui me permet d'aller chercher les enfants à la crèche.	Ik heb een halve baan, *waardoor* ik de kinderen van de crèche *kan* halen.

NPW *door*
oef 9.9

1 Le proviseur de ce lycée ne permet pas aux élèves de fumer pendant les récréations.
2 Ce travail lui a permis d'avoir de l'expérience dans le domaine du commerce.
3 L'industrialisation de la culture des betteraves a permis d'avoir deux récoltes en une saison.
4 L'absence des locataires a permis aux cambrioleurs d'emporter la grande horloge du XVIIIe siècle.
5 L'élevage de veaux a permis à ces deux jeunes agriculteurs de rembourser leurs dettes.
6 Sa mère lui a permis de se coucher un peu plus tard.
7 Au XIXe siècle, il n'était pas permis aux femmes de gérer le budget familial.
8 Anouk ne permettait pas à son copain de rentrer après minuit.
9 Il croit que tout lui est permis.
10 Vous permettez que je fume?
11 La loi ne permet pas de se déshabiller dans la rue.
12 Il se croit tout permis.
13 Permettez-moi de poser ma candidature à ce poste.
14 Son salaire ne lui permet pas d'aller aux sports d'hiver.
15 Il courait aussi vite que ses petites jambes le lui permettaient.
16 Door de wijnbouw hebben zij voldoende inkomen.
17 Door de verkoop van geitenkaas kunnen zij elk jaar op vakantie.
18 Door deze subsidie heeft hij zijn onderzoek kunnen voortzetten.
19 Hij bezit veel grond, waardoor hij druk heeft kunnen uitoefenen op de boeren in de streek.
20 Lachen mag.

2

1   De Alpen vormen de hoogste bergketen van Europa. Het bergkli-
maat leent zich niet voor landbouw en een aanzienlijk deel van het
land kan niet worden bebouwd vanwege de vele meren en gletsjers.
Tot de negentiende eeuw leefde men **in een gesloten economie**, die
5   voornamelijk gebaseerd was op een landbouwsysteem dat steunde
op drie pilaren. In de dalen **werd** graan **verbouwd** en in de iets
hoger gelegen gebieden rogge, haver en verschillende groenten.
Een groot deel van het graan diende 's winters als veevoer. Op de
nog hoger gelegen weiden graasden schapen, geiten en koeien. In
10   de lente gingen de herders en hun kuddes de bergen in en in de
herfst keerden ze weer terug naar de dalen. Vertrek en terugkeer
van de herders en hun dieren waren belangrijke gebeurtenissen die
aanleiding gaven tot grote feesten in de dorpen.

     Zuivelproducten uit de alpen, zoals gruyèrekaas en Zwitserse
15   chocola zijn nu wereldberoemd. Toch produceerde het land vroeger
niet genoeg om de hele bevolking **van voedsel** te **voorzien.** Veel
Zwitsers verdienden hun brood als huurling in buitenlandse legers
en veel Italianen trokken weg om elders bijvoorbeeld als schoor-
steenveger te werken. Maar er waren ook andere vormen van sei-
20   zoenarbeid. 's Winters was de Zwitserse horloge- en klokkenmake-
rij, die nu alom bekend is, voor sommige mensen een extra bron van
inkomsten.

     In de negentiende eeuw verplaatste de landbouw zich naar de
Voor-Alpen en samen met de urbanisatie en industrialisatie bete-
25   kende dit **dat** de traditionele levenswijze van de boeren in de bergen verdween. Tot het midden van de twintigste eeuw had dit tot
gevolg dat de bevolking afnam. Later, toen de toeristen kwamen,
werden veel boeren gids, hotelier of ski-instructeur. Een groot aantal alpenweiden werden vrijgemaakt van obstakels[1] en veranderd in
30   skipistes voor de miljoenen wintersportliefhebbers.

[1]   vrijmaken van obstakels – déblayer

7.9   Komen/gaan

In de lente gingen de herders de bergen in en in de herfst keerden
ze weer terug.

NPW terug,
gaan, komen
oef 9.3, 9.5, 12.3

1   Hij is al drie maanden vertrokken. Weet je wanneer hij terug-
komt?
2   Als ik thuiskom, verwacht hij nog steeds dat ik een kopje thee
met hem drink.
3   Hij heeft een heerlijke vakantie op Corsica gehad en hij is van
plan om er nog een keer naar toe te gaan.

4 Ik moet naar mijn zus toe. Ga je mee?

5 Hij zou morgen naar Marokko teruggaan als hij niet met een Nederlandse vrouw getrouwd was.

6 Ik fiets altijd naar mijn werk, maar soms, als het regent, ga ik liever met de bus.

7 Laten we nu maar gaan, anders komen we te laat voor de voorstelling.

8 Ik heb deze film al gezien maar hij was zo goed dat ik best nog een keer wil gaan.

9 Hij komt soms nog wel eens bij ons langs.

10 Hij was net thuis van zijn werk toen hij merkte dat hij zijn sleutels had vergeten. Hij moest terug naar zijn kantoor om ze te halen.

7.10   Verbe <—> substantif

Dit betekende dat de traditionele levenswijze van de boeren in de bergen verdween.
Dit had tot gevolg dat de bevolking afnam.

En néerlandais, on emploie souvent une subordonnée (construction verbale) là où en français on se servira d'un substantif ou d'un groupe de mots (construction nominale):

Hoewel hij afwezig was, hebben we goed gewerkt.	Malgré son absence, nous avons bien travaillé.
Omdat steeds meer mensen gaan scheiden, groeit het aantal woningzoekenden.	A cause du nombre croissant des divorces, il y a de plus en plus de demandeurs de logements.

oef 3.8   1 (Omdat het probleem zo ingewikkeld is) il est extrêmement difficile de trouver des solutions efficaces.

2 Le représentant des syndicats demande (dat er ... wordt samengesteld) d'un Livre Noir, destiné à expliquer aux Français (hoe ernstig de situatie is).

3 Chacun remarqua tout de suite (hoe middelmatig ... waren) de ses propositions.

4 La polémique sur (of men zijn toevlucht moet nemen) aux produits de substitution est loin d'être terminée.

5 (Hoewel uitgebreide veiligheidsmaatregelen zijn genomen) il semble toujours possible de monter à bord d'un avion avec une arme cachée dans son cartable.

Adjectif <—> substantif

Si l'on veut faire ressortir l'adjectif d'un groupe de mots se composant d'un substantif et d'un adjectif, l'adjectif néerlandais se traduit en français par un substantif suivi de *de*:

Zijn bleke gezicht schokte mij.   La pâleur de son visage m'a choqué.
Het felle licht verblindde mij.   L'intensité de la lumière m'a ébloui.

1 Nous nous sentons attirés par (het ruige landschap) et par (het natuurschoon).
2 Le prix de vente de cette propriété n'est pas tant déterminé par (de vruchtbare grond) que par (het luxeueze landhuis).
3 Depuis la chute du mur de Berlin et l'effondrement du communisme, les journalistes en Europe de l'Est n'ont plus à craindre (de strenge censuur).
4 (Zijn ernstige woorden) fit que tous se turent.
5 La plupart des députés s'étonnèrent de (de vastberaden woorden) du premier ministre.

F-N 7.11 Une industrie en mutation

2

1 En France, la modernisation de l'industrie, rendue nécessaire par le retard **accumulé** avant 1939 et les dégâts provoqués par la Seconde Guerre mondiale, a commencé dès la Libération. Le processus de la modernisation a pris un grand essor à partir des années 60, **accéléré**
5 par la formation du Marché européen. **Celle-ci** a entraîné une concentration financière caractérisée par la constitution de groupes financiers puissants qui possèdent de multiples filiales en France et à l'étranger (sidérurgie, automobile, électronique, aérospatiale).

Mais après avoir connu une phase exceptionnelle de croissance
10 (doublement de la production de 1962 à 1973), l'industrie française a été sévèrement touchée par la crise. Des secteurs économiques sur lesquels des régions entières avaient fondé leur prospérité depuis le XIXe siècle sont atteints: industrie textile, charbon, sidérurgie, construction navale. Cette crise résulte de la perte de certains débou-
15 chés et surtout de la concurrence de pays à main-d'oeuvre bon marché. **Elle** a pour conséquence un chômage important, notamment dans les régions comme le Nord-Pas-de-Calais, le Languedoc-Roussillon, la Haute-Normandie.

Si certains secteurs paraissent condamnés, d'autres, appliquant
20 des **technologies de pointe** (agro-alimentaire, aéronautique, ordinateurs, pharmacie) connaissent déjà de réels succès. **Reste** à résoudre le problème clé de l'emploi industriel. Depuis 1974, les effectifs ont diminué en moyenne de 100.000 par an. La création d'emplois est un impératif.

D'après: *Le Nouveau Guide France*

7.12 Cultures vice versa

Le consensus dans l'usine néerlandaise, vu par un Français

Aux Pays-Bas, la fameuse recherche de consensus ne désigne pas une contrainte rigide exercée par le groupe sur des individus soumis. Au contraire, consensus veut dire ici: un processus par lequel les convictions des uns et des autres tendent à s'ajuster et à converger. Comme ailleurs dans la société néerlandaise, il ne s'agit pour l'usine pas d'imposer mais de convaincre.

Si chacun ici est maître de ses décisions, s'il est difficile de lui imposer quelque chose, il a d'autre part le devoir de ne rien faire sans avoir pris l'avis de ceux qui peuvent être concernés, sans les avoir écoutés avec un esprit ouvert, sans avoir informé et sans avoir expliqué. Le rôle de la discussion est essentiel quand il s'agit par exemple de changer quelque chose à l'état des choses existant. La recherche d'un consensus, assortie d'un échange intensif d'explications, d'informations, joue alors à plein. Et l'on voit que le terme 'discussion' recouvre en fait une réalité assez différente, beaucoup moins conflictuelle que ce qu'il évoque en français. Ce devoir d'expliquer, d'informer, ne concerne pas seulement les responsables vis-à-vis de leurs subordonnés. Il joue aussi en sens inverse. Le subordonné doit être capable d'expliquer ce qu'il a fait, de le justifier, ce qui implique également que l'on puisse l'observer et le contrôler.

Une des caractéristiques de l'approche néerlandaise est l'importance accordée aux données factuelles. On est parfois frappé par le respect des Néerlandais pour les faits. Leur pragmatisme évite que les discussions fréquentes ne deviennent stériles et que l'on s'égare dans des abstractions intellectuelles. Aussi les discussions restent-elles ouvertes et constructives, bien que critiques. Cela est vrai aussi pour les relations avec les syndicats qui sont parfois qualifiées de bonnes parce qu'empreintes d'objectivité. Cela contraste aves les habitudes qui prévalent en France et qui consistent souvent à argumenter avec une bonne foi limitée et donnent la priorité aux idéologies.

L'aspect le plus spectaculaire de ce fameux consensus est sans doute, vu de France, que les responsables sont considérés comme des membres ordinaires de la communauté, avec qui on entre en rapport sans règles d'étiquette particulières. Leurs subordonnés ne manifestent aucune révérence à leur égard. Ils n'hésiteront pas le cas échéant à inverser les rôles pour leur donner des instructions relevant de leur propre compétence; ainsi le directeur d'une usine se voit interdire par un ouvrier de pénétrer sans casque dans un atelier, et ceci ne paraît pas constituer aux Pays-Bas une histoire édifiante, mais quelque chose de naturel.

Cette place symbolique modeste accordée au supérieur, la faible importance attachée à son statut personnel par rapport à sa prati-

que, sont intimement liées au rôle concret qu'il joue dans la manière néerlandaise de vivre en société et de gouverner les hommes. Ce
rôle est très différent de celui du chef français. A l'usine, ce n'est pas
celui qui sait galvaniser qui est le chef. C'est le bon organisateur. Le
chef ne peut pas emporter l'adhésion grâce à sa capacité de bien galvaniser quand la raison n'impose rien. Il n'est pas forcément nécessaire qu'il justifie dans le détail toutes ses décisions. Mais il ne peut
s'en dispenser que s'il a établi avec ceux qu'il dirige des relations de
confiance telles qu'on est sûr que le chef a réfléchi et que s'il donne
un ordre c'est pour une raison valable.

D'après: Philippe d'Iribarne,
La Logique de l'honneur

*Expliquez en 400 mots environ en quoi consiste le consensus néerlandais
dont il est question dans ce texte, de quelle façon celui-ci se manifeste
dans la vie à l'usine et quel est le rôle du patron néerlandais, en faisant
bien ressortir les différences entre les Français et les Néerlandais.
(Pour trouver des idées supplémentaires, vous pouvez lire le texte*
Individualisme français et culture du groupe néerlandaise *du dossier 3).*

7.13   Ecrivez

A   Pour le directeur français de l'entreprise où vous travaillez, vous
devez faire un compte-rendu en français de la réunion du comité
d'entreprise. Voici les notes en néerlandais que vous avez prises.

Verg. OR 8 okt '97 9.15 uur
aanw. Piet K. (voorz.), Jan vd. B, Marietje M., Saskia de W., Peter H. en ik (verslag)
afw. Kees V (ziek???)
1   algemene meded. parkeerterrein vergroot
    volgende week 3 nieuwe printers
    uitstapje naar Lille uitgesteld
2   meded. direktie: CAO onderhand. = moeizaam Probleem = vakantiedagen
    + 34-urige werkweek
    vakbonden praten ma a.s. verder.
    Peter: wanneer afgerond? Voorz.: geen idee.
3   rapport kantine
    Marietje: tijd voor maatregelen. Stelt voor:
    contract opzeggen + contact zoeken met SAP (heeft goede reputatie, wel
    iets duurder)
    Peter: niet mee eens. Eerst met kantine-manager praten
    Stemming: voorstel P. aangenomen. Vz + Peter maken afspraak
4   Rondvraag: Jan: wanneer nieuwe datum uitstapje? VZ informeert bij cie.
    Bloemen naar zieke Kees

B1 L'entreprise et les échanges avec ses partenaires

Voici un schéma représentant les différentes personnes et organisations avec lesquelles l'entreprise entretient des contacts. Rédigez un texte clair et décrivez ces différents contacts, en indiquant pour chaque genre de personnes ou organisation quel échange s'établit entre l'entreprise et ses partenaires et en utilisant chaque terme du schéma. (1 à 1¹/₂ page)

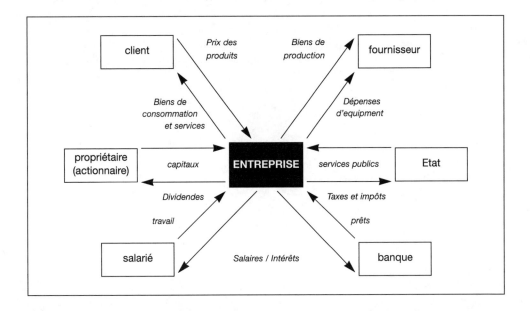

B2 Voici un schéma représentant les différentes étapes de la production, des matières premières à la vente du produit final. Ecrivez un texte qui présente sous forme d'exposé clair toutes les données du schéma.

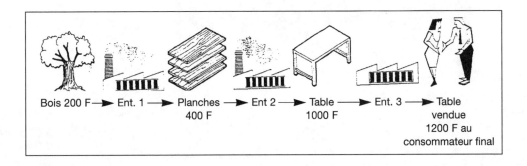

8 *Chacun prend son plaisir où il le trouve*

LMQF 19, 20   *les loisirs*

1

1   Onze reis begon in Amsterdam. Gewapend **met** een lichtgewicht
    tentje en een goed gevulde rugzak stapten we **op** de trein **naar**
    Parijs. Daarna gingen we **per** TGV **met** een snelheid van 300 km **per**
    uur naar Marseille. Reserveren voor deze trein is verplicht en vaak
5   moet er toeslag betaald worden. Tegen de avond kwamen we aan in
    St. Raphaël.
        Omdat het prachtig weer was, bleven we er twee dagen om te
    genieten van de warmte en de zee. We besloten vervolgens **via** de
    Italiaanse Rivièra richting Rome te gaan. Tijdens een groot gedeelte
10 van de reis moesten we **staan** in overvolle treinen en toen we uitge-
    put in Rome aankwamen, raadde iemand ons een camping aan in
    het **noordelijk** deel van de stad. Hoewel het geen bijzondere cam-
    ping **was**, was de prijs van een staanplaats nogal hoog: 15 gulden
    per persoon per nacht. Gelukkig echter was er een directe bus **naar**
15 het centrum.
        Drie dagen lang liepen we **door** de stad en bezochten musea. We
    voelden ons een beetje als de adellijke jongelieden van het begin
    van de vorige eeuw die hun educatieve Grand Tour maakten.
    Jammer genoeg was ons budget van 30 gulden per dag **lang niet**
20 voldoende. We gaven al dat geld al uit **aan** voedsel, drank en over-
    nachtingen[1] en dan moesten de dagkaart voor het openbaar vervoer
    en de kaartjes voor de musea nog betaald worden.
        Bij een reisbureau reserveerden wij een couchette voor de nacht-
    trein **naar** Brindisi. De volgende morgen werden we wakker in het
25 zuiden van Italië. In Brindisi kregen we met onze Interrailpas der-
    tig procent korting op de boot **naar** Patras, in Griekenland. De over-
    tocht duurde ruim twintig uur. **Omdat** de plaatselijke camping
    slecht te bereiken[2] was, moesten we in een hotel overnachten, **wat**
    ons trouwens slechts twintig gulden kostte. Daarna gingen we naar
30 Athene. We overnachtten daar in één van de vele 'Youthhostels';
    deze zijn heel goed en goedkoop. Zoeken is bovendien niet nodig;
    je wordt er meteen naartoe gebracht door 'loopjongens'[3], die meest-
    al buitenlanders zijn. Na een snel bezoek **aan** deze stad en een ver-
    blijf van een week op een Grieks eiland was onze vakantie voorbij
35 en keerden wij terug naar ons vertrouwde kikkerlandje.

Naar: *Kampeer & Caravan Kampioen*

[1]   overnachtingen – les frais d'hébergement
[2]   slecht te bereiken zijn – être mal desservi
[3]   loopjongens – 'coursiers'

8.2 Imparfait/passé simple

Onze reis begon in Amsterdam.
Gelukkig was er een directe bus naar het centrum.

En général, le *o.v.t.* (*zij at*) du néerlandais se traduit en français par un *passé simple* (*elle mangea*) ou un *imparfait* (*elle mangeait*). On emploie le passé simple pour les faits narratifs, c'est-à-dire pour les faits qui font avancer le récit: actions et réactions. L'imparfait s'emploie pour les autres faits: description du décor, portrait, commentaire, habitude, répétition, conséquence et explication.

GP 17   Mettez dans le texte suivant les verbes entre parenthèses au temps qui convient:

[Le narrateur de cette nouvelle de Maupassant a loué une maison de campagne au bord de la Seine. Un vieux canotier, avec qui il a fait connaissance, lui raconte un jour une histoire bizarre qui vous glace le sang, et dont voici le début:]

Puisque vous me demandez quelques-uns de mes souvenirs, je vais vous dire une singulière aventure qui m'est arrivée ici, il y a une dizaine d'années.
J' – (1. habiter) alors, comme aujourd'hui, la maison de la mère Lafon, et un de mes meilleurs camarades, Louis Bernet, – (2. être) installé au village de C., deux lieues plus bas. Nous – (3. dîner) tous les jours ensemble, tantôt chez lui, tantôt chez moi.
Un soir, comme je – (4. revenir) tout seul et assez fatigué, traînant péniblement mon gros bateau dont je – (5. se servir) souvent, je – (6. s'arrêter) quelques secondes pour reprendre haleine. Il – (7. faire) un temps magnifique; la lune – (8. resplendir), le fleuve – (9. briller), l'air – (10. être) calme et doux. Cette tranquillité – (11. me tenter); je – (12. se dire) qu'il ferait bien bon fumer une pipe en cet endroit. L'action – (13. suivre) la pensée; je – (14. saisir) mon ancre et la – (15. jeter) dans la rivière.
Le canot, qui – (16. redescendre) avec le courant, – (17. filer) sa chaîne jusqu'au bout, puis – (18. s'arrêter); et je – (19. s'asseoir) à l'arrière sur ma peau de mouton. On n' – (20. entendre) rien, rien: parfois seulement, je – (21. croire) saisir un petit clapotement presque insensible de l'eau contre la rive, et j' – (22. apercevoir) des groupes de roseaux plus élevés qui – (23. prendre) des figures surprenantes et – (24. sembler) par moments s'agiter.

[Tout ce calme n'est que fausse apparence; lisez vous-même le reste de la nouvelle pour savoir ce que le personnage découvre. Voici le titre: *Sur l'eau*, dans: *La maison Tellier*]

8.3 Les compléments adverbiaux de temps et leurs prépositions

We bleven er twee dagen.
De volgende morgen.

NPW dag, in
oef 2.2, 4.3, 7.3

1 Aan het begin van de vakantie was ik zo uitgeput dat ik op de eerste dag van mijn reis meteen ziek werd.
2 In de zeventiende eeuw was het heel gebruikelijk dat schilders een paar jaar naar Italië gingen.
3 Zijn zus is in de nacht van vrijdag op zaterdag bevallen van een kind.
4 Fred Heineken nam zo'n zestig jaar geleden de brouwerij van zijn vader over.
5 Deze vogels vertrekken in de maand oktober naar Spanje.
6 In de lente wil hij een weekje naar zijn huisje in de Auvergne.
7 Zijn vrouw gaat 's zaterdags altijd zwemmen.
8 De hele dag hebben we op haar zitten wachten; ze kwam pas de volgende ochtend!
9 Op zekere dag ging Claire naar het station en kocht een enkeltje naar Helsinki.
10 Er was eens een prins die op een andere prins verliefd was.

8.4 Slechts, alleen (nog) maar, alleen

Dat kostte trouwens slechts twintig gulden.

Slechts (ou *alleen maar*) se traduit par *seulement* ou *ne .... que*. Attention: la particule *que* précède immédiatement le mot auquel elle se rapporte.

Ik ga alleen maar naar de vergadering als die niet te laat begint.	Je *ne* vais à la réunion *que* si elle ne commence pas trop tard.

Si *alleen* se rapporte à un nom ou à un pronom, il se traduit entre autres par *seul* (avant le nom ou après le pronom):

Alleen mijn vrienden weten wanneer ik vertrek.	Seuls mes amis savent quand je pars.
Hij alleen is op de hoogte.	Lui seul est au courant.
	Il est le seul qui soit au courant.
	Il n'y a que lui qui soit au courant.

Alleen en tête de la phrase et se rapportant à un complément circonstanciel se traduit entre autres par *seulement*. Il se place après ce complément:

Alleen op vrijdag heb ik tijd om boodschappen te doen.	Le vendredi *seulement*, j'ai le temps de faire des courses.
	Ce n'est que le vendredi que j'ai le temps de faire des courses.

> *Seulement* en tête de la phrase marque l'opposition et signifie *cependant, mais*:
> Het is een mooie tafel, alleen is hij   C'est une belle table, *seulement* elle
> niet erg stevig.   n'est pas très solide.

NPW *alleen, maar*

GP 6.2.1.1

ES 19.4

1 Zondagmiddag hebben we in de dierentuin alleen het nieuwe aquarium bezocht.

2 Op deze vraag is maar één antwoord; alleen zeg ik het niet.

3 Alleen ik was er, want Pierre was ziek en Claire had een vergadering.

4 Ik heb alleen nog maar een paar flessen witte wijn.

5 De hele dag gaap ik alleen maar.

6 Alleen de studenten die niet geslaagd zijn, zullen worden gebeld.

7 Van de bijna honderd romans van Balzac heeft hij alleen *Le Père Goriot* gelezen.

8 Alleen tijdens de vakantie lees ik boeken.

9 Ik kan zoiets alleen aan jou vertellen.

10 Vorig jaar heeft de politie maar de helft van de diefstallen opgelost.

F-N   8.5   Les loisirs

1

1 Les Français ont aujourd'hui plus de temps libre et plus d'argent **à lui consacrer**. Il faut constater que, **si** le Français pendant ses loisirs souhaite se détendre, se divertir, il aspire également à développer sa personnalité. Cependant, la plupart du temps, il n'est guère origi-

5 nal: **c'est** face à la télévision **qu'**il passe ses soirées.

    Certes, la télévision est le moyen par excellence de s'informer et de se distraire, mais pour certains elle est devenue une véritable drogue dont ils ne peuvent plus se passer, **même si** environ les deux tiers d'entre eux avouent ne jamais regarder une émission du début

10 à la fin. Les téléspectateurs zappent de plus en plus. **Ce qui** reste le plus populaire, **ce sont** les films (ou les feuilletons), les variétés et le sport, mais les Français se disent mécontents et cela à cause du conformisme et de la pauvreté culturelle des programmes.

    Lorsque, agacés, ils éteignent le poste, **il leur arrive encore d**'al-

15 ler au cinéma. C'est l'occasion de se retrouver entre amis et de s'évader dans un monde imaginaire. C'est pourquoi les films américains de science-fiction **font de bonnes recettes** ainsi que les dessins animés, mais ce sont des genres où il est difficile de réussir sans investir, ce que les producteurs français ne peuvent pas se per-

20 mettre.

    Heureusement les jeunes, mais aussi les grands, aiment toujours rire et la tradition du cinéma comique est bien vivante en France. Cela explique sans doute que, lors d'un sondage, un Français sur

deux dit encore aller au cinéma au moins une fois par an. La réponse n'est pas **si** souvent affirmative lorsqu'on leur demande **s'**il leur
arrive d'aller voir une exposition, d'assister à un concert ou à un
spectacle de danse. A ce propos on constate que la pratique des loisirs dépend du niveau scolaire et de la profession. Il semble par ailleurs que **les écarts** ne soient pas toujours dus aux revenus. En effet,
le jogging, la visite des musées ou les promenades ne sont pas des
activités coûteuses. Elles sont cependant **ignorées ou presque** des
catégories ayant le niveau d'instruction le plus faible.

D'après: *Francoscopie*

8.6 La mise en évidence (périphrase grammaticale)

C'est face à la télévision qu'il passe ses soirées.

Rappelez-vous les manières dont on peut *mettre en relief* une partie de la phrase:

– *le détachement*

| Die film vind ik prachtig. | Ce film, je le trouve magnifique. |

– *la périphrase grammaticale: c'est...qui/que*

In Tours heeft hij zijn vrouw
leren kennen.

C'est à Tours qu'il a connu sa
femme.

De roman van Modiano heeft
de Prix Goncourt gewonnen.

C'est le roman de Modiano qui a
gagné le Prix Goncourt.

– *Voilà... qui/que; il y a ...qui/que*

Van die kleuren houd ik in de
herfst.

Voilà les couleurs que j'aime en
automne.

GP 30.2
oef 4.2, 5.3, 11.9
ES 20

1 C'est lui qui me l'a dit, ce menteur.
2 C'est la natation qui l'intéresse le plus.
3 Ce sont ses passe-temps qui l'intéressent, son travail n'est pour lui qu'une corvée.
4 C'est en faisant du vélo que je m'amuse le plus.
5 Avouons-le: c'est nous les plus grands amateurs de feuilletons télévisés.
6 Ce n'est pas moi qui veux encore un enfant, c'est ma femme.
7 Nee meester, ik heb het niet gedaan, híj heeft het gedaan!
8 Wijn, dat interesseert me niet tijdens een maaltijd, maar het eten, dat vind ik belangrijk.
9 Dít huis vind ik niet mooi, dat andere wel.
10 Hopelijk neemt hij Jan mee, de volgende keer, en niet Gerard.

8.7 Mots de transition – enchaînement logique

Bien traduire (et bien écrire) un texte veut dire aussi: bien *indiquer les rapports* entre les différentes parties d'un texte.
En effet, chaque texte aborde un sujet mais le présente aussi dans un ordre déterminé, en indiquant quel est le lien entre ces parties. Ces parties, ce sont d'abord les paragraphes (ou: alinéas), et puis les phrases, qui sont également liées entre elles.

Il existe un certain nombre d'*adverbes de transition* (ou de courtes expressions) qui lient les phrases et les paragraphes en indiquant les rapports logiques. Ces termes sont des adverbes (ou expressions adverbiales) exprimant principalement les idées de *et* (complémentarité), de *mais* (opposition), de *donc* (conséquence).

1 Lisez le texte 8.5 et soulignez les termes de transition.
2 Classez les termes que vous avez trouvés en dressant trois listes (complémentarité, opposition, conséquence).
3 Rajoutez aux trois listes des adverbes ou expressions adverbiales de transition qui ne figurent pas dans le texte, mais qui expriment la même idée que les termes que vous avez trouvés (cherchez par exemple dans un dictionnaire). Attention: tous les mots d'une même liste ne sont pas de vrais synonymes, ils expriment seulement la même idée de base.
4 Faites pour quelques termes de chaque liste deux phrases en indiquant le rapport entre la première et la seconde au moyen du terme en question.

8.8 Si

Il faut constater que, si le Français pendant ses loisirs souhaite non seulement se détendre, il aspire également à développer sa personnalité.
La réponse n'est pas si souvent affirmative.
On leur demande s'il leur arrive d'aller voir une exposition.

Le mot *si* peut avoir différentes fonctions dans la phrase.
Il peut être adverbe d'intensité (suivi souvent d'une subordonnée adverbiale de conséquence):

Hij was zo bang dat hij trilde als een riet.	Il avait si peur qu'il tremblait comme une feuille.

Si (conjonction) peut introduire une subordonnée de condition. Attention: après *si* conditionnel, on n'emploie jamais le futur ou le conditionnel!

| Als ik het zou weten, zou ik het je zeggen. | Si je le savais, je te le dirais. |

Si (conjonction) peut introduire une subordonnée de concession qui précède la principale:

| (Ook) Al is hij rijk, hij is niet gelukkig. | (Même) S'il est riche, il n'est pas heureux. |

Si (conjonction) s'emploie dans une question indirecte et introduit la subordonnée:

| Ik weet niet of hij met ons mee gaat. | Je ne sais pas s'il va nous accompagner. |

GP 16.9.4.1,
23.3.3.3
NPW obs gr
XXIII
ES 22.3.2,
22.4.2, 16.6.1
oef 3.4, 9.7

1 Il a eu si froid qu'il a dû partir.
2 Il voulait savoir si j'aimais consacrer mes loisirs aux sports.
3 S'il était venu sans livre une fois de plus, je serais parti.
4 S'il n'aime pas trop le bricolage, il fait parfois de petits travaux pour sa voisine.
5 Tu n'aimes pas la course à pied? Si!
6 Ik had haar mijn badpak niet geleend, als ik het geweten zou hebben.
7 Als ik geweten had dat hij de sleutel had, had ik het gezegd.
8 Als hij net zo slecht werkte als Karel, zou ik hem mijn schroevendraaier niet lenen.
9 Ik zou haar niet hebben betaald als zij net zo slecht gewerkt zou hebben als mijn buurvrouw.
10 Als hij volgende week zijn excuses niet zal maken, gaan we niet met hem op vakantie.
11 Al was hij een zeer goed atleet, het lukte hem niet het record te verbeteren.

N-F 8.9 Een sportman aan het woord

2

1 De triatlon is een typisch Hollandse sport. **Als kind** leer je al zwemmen, je fietst en je rent de hele dag. Dus is het niet **verwonderlijk dat** wij heel goed zijn in deze sport. Ik heb in mijn jeugd altijd gevoetbald. Mijn techniek was goed en ik heb heel wat doelpunten
5 gemaakt. Vanaf mijn achtste heb ik ook aan zwemmen gedaan. We gingen 's zomers iedere dag naar het openluchtbad en daar heb ik leren duiken. Op een gegeven moment **werd ik gevraagd** deel te nemen aan hardloopwedstrijden. **Zo** ben ik met atletiek begonnen.

Dat lukte wel aardig **tot** ik op mijn vijftiende **binnen** één jaar
10 plotseling **twintig centimeter groeide**. Doktoren noemen dat de

Osgood-Slatter-ziekte. **Door** de vriend van mijn zus ben ik toen de triatlon ingerold[1]. Ik **vond het prachtig** om te doen, want je combineert een **aantal** sporten: zwemmen, lopen en fietsen.

Iedere dag is anders. **Zo** moet je, als je voor de marathon traint, minstens drie uur per dag hardlopen. De tijden zijn niet **eens** zo belangrijk **bij** deze sport, aangezien er geen wereldrecord gebroken hoeft te worden. Die zijn er niet. Het parcours wisselt namelijk iedere keer. **Nu eens** zwem je bijvoorbeeld met de stroom mee, **dan weer** moet je er tegenin.

Ik wijd me nu volledig aan de sport. Ik zie weinig mensen, ga vroeg naar bed en ga nooit uit. **Alleen** na de wedstrijden spring ik wel eens uit de band[2]. Dan gaan we **met z'n allen** naar het café. **Om** de twee maanden een beetje dronken zijn is niet zo erg.

Je kunt achttien wedstrijden per jaar doen. Hoewel dat lichamelijk tamelijk uitputtend **is**, herstel je snel, omdat je alle spieren gebruikt. Ik geloof dan ook niet dat deze sport slecht **is** voor je lichaam.

Ik ben nu 22, op mijn 27ste wil ik kampioen van Nederland zijn. De triatlon is echter een sport die je makkelijk tot je 34ste kunt beoefenen. Voorlopig hoop ik als prof mijn geld te kunnen verdienen. **Omdat** de media zich steeds meer voor deze sport interesseren, wordt het gemakkelijker sponsors te vinden.

Naar: *De Volkskrant*

[1] ergens inrollen – ici: se mettre à quelque chose
[2] uit de band springen – ici: se défouler

8.10 Mode dans la substantive

Het is niet verwonderlijk dat wij heel goed zijn in deze sport.

Dans la proposition subordonnée substantive introduite par *que, de ce que* ou *à ce que*, le subjonctif est entre autres obligatoire si le verbe de la proposition principale exprime:
une incertitude, une possibilité, un fait nié
un ordre, un souhait, une nécessité
un jugement moral ou sentimental

Attention: le verbe *croire* est considéré comme un verbe d'opinion et est suivi de l'indicatif; le verbe *espérer* aussi réclame l'indicatif (souvent le futur).

Il est peu probable qu'il vienne. (incertitude)	Het is niet erg waarschijnlijk dat hij komt.
Je veux qu'on prenne des mesures efficaces. (souhait)	Ik wil dat er doeltreffende maatregelen worden genomen.
Il est normal que tu sois déçu. (jugement moral)	Het is normaal dat je teleurgesteld bent.

Je crois que cela s'arrangera.	Ik geloof dat het wel in orde komt.
Attention: Je ne crois pas que tu dises la vérité. (incertitude)	Ik geloof niet dat je de waarheid spreekt.
J'espère que nous pourrons partir demain.	Ik hoop dat we morgen kunnen vertrekken.
Attention: Je n'espère pas qu'il vienne avec nous.	Ik hoop niet dat hij met ons meegaat.

GP 23.4.2.1, 24.2

NPW obs gr XVI

oef 10.10
ES 16.2

Remplissez les blancs en choisissant entre l'indicatif et le subjonctif:

1 Le dernier dodo vivant dans l'île Maurice a peur que son espèce ne – (disparaître).

2 Les oies du Périgord croient toujours qu'elles – (avoir) mal au foie.

3 Il est douteux que ce chien d'aveugle n'– (avoir) rien vu.

4 Nous sommes convaincus que les puces ne – (aller) jamais au marché.

5 Ces harengs n'aiment pas que leurs petits – (être) serrés comme des sardines en boîte.

6 'Je trouve normal que les vaches folles – (être) fâchées', dit le boucher.

7 Savez-vous si cette hirondelle – (faire) l'été ou le printemps?

8 'Si tu veux battre le record du 100 mètres haies, il faut que tu – (faire) un effort', dit l'entraîneur à l'escargot.

9 Attends que l'ours polaire – (avoir) fini de faire les cent pas!

10 Le porte-parole de Reebok s'est dit content que son entreprise – (avoir) signé un contrat de parrainage avec le mille-pattes.

8.11   Eens

Nu eens zwem je bijvoorbeeld met de stroom mee, dan weer moet je er tegenin.

Alleen na de wedstrijden spring ik wel eens uit de band.

NPW eens

1 – (Er was eens) un bûcheron et une bûcheronne qui avaient sept enfants, tous garçons. (Le plus jeune n'était guère plus gros que le pouce, ce qui fit qu'on l'appela le petit Poucet.)

2 Pendant votre voyage à travers les Cévennes, vous verrez – (nu eens) de grandes vallées, – (dan weer) les sommets dénudés du mont Aigoual et du mont Lozère.

3 Qui parmi vous a – (wel eens) voyagé en TGV?

4 Claire, – (kom eens)! Je voudrais te montrer quelque chose.

5 Je vous le dis – (voor eens en voor altijd): la réponse est non.

6 Le journal annonce que les partis – (het eens zouden zijn geworden over) une augmentation de salaire de 2,5 %.

7 On se verra peut-être – (weer eens) à Paris.

8 Quelqu'un m'a demandé – (eens): 'Pourquoi avez-vous choisi ce métier?'

9 – (Meer dan eens) déjà cette question a été inscrite à l'ordre du jour de nos réunions. Nous n'y revenons plus.

10 Ah non, je ne suis absolument pas – (het met je eens).

8.12 Als

Als kind leer je al zwemmen.

Le mot *als* peut être traduit par une *épithète détachée* dans des phrases où il est question de la nature d'une personne:

Als zoon van een boer houdt hij van het platteland.	Fils de paysan, il aime la campagne.

Si *als* signifie *à titre de* et désigne donc non pas la nature, mais la fonction ou la qualité temporaire d'une personne, il se traduit souvent par *en tant que*:

Hij voerde het woord als vakbondsvertegenwoordiger.	Il a parlé en tant que délégué syndical.

On se sert de *comme* pour désigner la qualité (hoedanigheid) de quelque chose ou, surtout dans la langue parlée, de quelqu'un.

Als werk is het interessant.	Comme travail, c'est intéressant.
Als directeur is hij niet erg efficiënt.	Comme directeur, il n'est pas très efficace.

Dans les comparaisons d'égalité *als* se traduit par *que*.:

Hij heeft evenveel cd's als ik.	Il a autant de CD que moi.
Ik ben niet zo lui als hij.	Je ne suis pas si paresseux que lui.

GP 4.1, 25.5.7
oef 7.6, 11.6
ES 6.3.4, 22.6

1 Jacques Brel werd in 1930 in Brussel geboren als zoon van een fabrieksdirecteur.

2 Als burgemeester behoor ik precies te weten wat er is gebeurd.

3 Sorry hoor, maar je gedraagt je als een kind van drie.

4 Als meisje mocht ze nooit buiten spelen.

5 Bij brand moet men als volgt handelen: verlaat de ruimte en waarschuw de brandweer.

6 Nergens slaap ik zo lekker als in mijn eigen bed.

7 Ondanks alle hulp blijft het vluchtelingenprobleem even groot als vroeger.

8 Hij wordt beschouwd als een van de grootste musici van de twintigste eeuw.

9 Zowel in Amsterdam als in de andere Europese hoofdsteden is de criminaliteit een groot probleem.

2

1 Le sport d'aujourd'hui – comme le mot – vient d'Angleterre. C'est en effet autour de 1830 qu'il est introduit dans les *publics schools* afin de canaliser la violence.

Pour Pierre de Coubertin, qui organise en 1896 les premiers Jeux
5 Olympiques modernes, le sport doit contribuer à la formation de l'individu. Dans les années vingt, l'argent ne joue encore aucun rôle dans le sport; c'est le temps des amateurs. Depuis lors, les intérêts financiers ont entraîné une inévitable professionnalisation. Aujourd' hui, non seulement l'argent et les médias exercent une
10 grande influence sur le sport mais aussi la médecine. Le profession- nel n'a pratiquement plus de vie privée: diététicien, kinésithéra- peute, cardiologue, etc., se penchent sur son corps sous le regard vigilant de l'entraîneur qui s'applique à faire de lui une personna- lité qui attire l'attention des médias.

15 Pour réussir il faut commencer jeune et avoir une discipline de fer. Seule une jeunesse ascétique **permet d**'accéder à un niveau international: le champion ni ne fume, ni ne boit, ni ne fait la fête. Le niveau des performances est si élevé que la carrière du champion ne peut être que très brève. On rend hommage au joueur de tennis
20 Björn Borg **pour avoir eu la sagesse** de se retirer de la compétition à vingt-cinq ans.

Dans le maintien de l'équilibre social, le sport joue un rôle qui n'est pas mince. Un match de football de tel club de deuxième divi- sion **diffusé par** la télévision obtient un taux d'écoute qui dépasse
25 celui des vedettes politiques. De plus, qu'il s'agisse du tennis, de la boxe ou du football, les médias suggèrent que **l'ascension sociale** par le sport est possible. Par ailleurs, le stade reste le lieu où peu- vent s'exprimer sans pudeur les sentiments nationalistes et on dit que l'extrême droite veut expulser tous les immigrés 'sauf Platini',
30 le célèbre footballeur d'origine italienne connu pour sa précision lors des tirs de coups francs.

Face à cette gigantesque industrie de divertissement, s'est déve- loppée une conception plus hédoniste du sport. **Nombreux sont** les Français qui font du jogging ou du vélo pour leur plaisir et préfè-
35 rent le ski de fond aux pistes.

D'après: *Histoire de la vie privée*

8.14 Cultures vice versa

L'Europe et les loisirs

En un demi-siècle de croissance et de luttes syndicales, quel boule- versement! Les journées de travail se sont raccourcies, le dimanche est devenu week-end et les vacances s'allongent sur tant de semaines qu'elles se prennent en plusieurs fois. C'est clair, les habitants des pays européens consacrent de plus en plus de temps et d'argent à leurs activités de loisirs. Mais les changements ne sont pas seulement quantitatifs. Les attitudes et les comportements se sont transformés. Malgré une certaine uniformisation européenne comme en témoigne l'engouement généralisé pour les voyages, la musique et les films, il n'en demeure pas moins que les différences culturelles sont importantes. Une approche selon deux axes permet de mieux analyser les tendances en matière de loisirs.

Le premier axe est celui de l'effort financier. Cet axe découpe nettement deux Europe. D'un côté, une Europe anglo-saxonne dont l'ancienne éthique puritaine de travail et d'accumulation ne paraît plus contrarier l'effort pour dépenser dans les loisirs, même si, à l'exception des Britanniques, elle faiblit du côté des cafés-restaurants. C'est elle aussi qui, en quête des mers chaudes, franchit le plus aisément les frontières pour ses vacances. De l'autre côté de ce premier axe se situe une Europe qu'on aurait cru vouée à l'éthique du loisir et de la dépense, et qui semble se restreindre le plus pour ses loisirs. Est-ce parce qu'elle est moins citadine, ou comme c'est probable pour les moins riches, qu'elle demeure dans la salle d'attente de la société des loisirs?

Le second axe est celui des aspirations. Cet axe est construit à partir des opinions qu'ont les individus sur la place qu'ils reconnaissent aux loisirs, aux sorties et aux vacances dans ce qui est vraiment nécessaire pour vivre correctement. Ce qui frappe, c'est qu'en dépit d'une culture du 'souci de soi', les loisirs paraissent répondre à un désir de nouer ou de renouer des relations avec les autres, et d'abord avec les proches. Les parents et les amis, ces cercles de vie sociale, importent davantage que la nature (pourtant valorisée chez les urbanisés du Nord), la culture ou le sport.

Avec cet axe, la coupure est plus économique que pour le premier, pourtant conçu autour des dépenses. Au-dessous de la moyenne européenne se retrouvent en effet les pays les plus riches (à l'exception de l'Allemagne), essentiellement parce qu'ils ne placent pas les vacances annuelles au rang de leurs priorités, même s'ils les pratiquent plus que les autres! Les Néerlandais, pour leur part, sont les seuls à hésiter sur l'importance des sorties, les Italiens et les Français osent, quant à eux, placer les loisirs au rang de ce qui est important mais pas vraiment nécessaire.

A l'inverse, les sudistes les moins riches (Grèce, Espagne et surtout Portugal) 'rêvent' de lendemains enchanteurs, d'une vie accordant un meilleur sort aux loisirs auxquels ils n'ont pas vraiment accès.

D'après: *Euroscopie*

A partir du texte, de l'étude des graphiques et de vos connaissances personnelles, veuillez faire la description contrastive des loisirs aux Pays-Bas et en France.

Dépensees de loisirs, spectacles, enseignement, culture

USA 1 291 (9,6)
JAP 1 248 (10,2)

D 981 (9,1)
UK 938 (9,2)
NL 937 (9,7)
I 881 (8,6)
DK 845 (10,0)
F 764 (7,4)
B 656 (6,5)
IRL 571 (10,4)
E 500(6,6)
L 499 (4,3)
GR 374 (6,5)
P 228 (5,7)
E 12 807 (8,2)

Taux de départs en vacances

65 64 61 60 58 58 57 46 44 41 39 31

NL DK UK D F L I GR E B IRL P

* 62 % des personnes entre 15 et 24 ans ; 47 % des personnes de 55 ans et plus.
85 % des cadres supérieurs : 25 % des agriculteurs.

Príncipaux sports préféres des Européens

	Foot-ball	Tennis	Cyclis-me	Nata-tion	Gym-nastique	Aucun
· Belgique	36	25	27	22	17	28
· Danemark	45	25	13	15	24	19
· Espagne	37	20	16	22	20	22
· FRANCE	35	31	23	28	26	16
· Grèce	30	6	4	15	10	31
· Irlande	40	14	19	21	17	24
· Italie	44	25	19	24	24	18
· Luxembourg	42	32	25	39	8	11
· Pays-Bas	35	25	18	22	17	21
· Portugal	40	10	10	14	15	41
· RFA	34	32	13	25	13	25
· Roy.-Uni	30	25	13	33	14	21

Duré d''coute de la télévision pae personne et par jour (en minutes)

214 210 200 195 188 188 180 180 160 131 89

E P UK B/L F IRL I GR D* DK NL

Nombre de livres publiée dans les pats de la CE

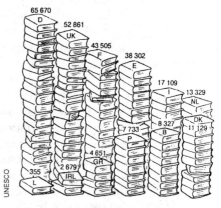

D 65 670
UK 52 861
F 43 505
E 38 302
I 17 109
NL 13 329
DK 11 129
B 8 327
P 7 733
GR 4 651
IRL 2 679
L 355

UNESCO

Evolution des tirages des quoitidiens (pour 1000 habitants)

	1975	1986
UK	429	421
DK	341	367
D	328	344
NL	320	320
B	239	221
F	201	193
IRL	216	181
I	117	99
P	67	47
L	358	-
GR	102	-

8.15 Ecrivez

A Expliquez à un Français les règles du jeu du *korfbal*, sport inconnu en France, ou celles d'un autre sport d'équipe.

affaires

B Vous écrivez une lettre de réclamation à l'association pour la Défense du Consommateur pour porter plainte contre l'agence de voyages qui vous a vendu un voyage organisé de trois jours en France.

On vous avait promis:

Jour 1: – Voyage en avion (départ Amsterdam le 31 décembre à 13 heures; arrivée à Paris à 13.55 + transfert en bus jusqu'à l'hôtel).
– Hébergement dans un hôtel grand standing en centre-ville.
– Réveillon du Jour de l'an avec dîner aux chandelles sur bateau-mouche.

Jour 2: – Visite guidée en autocar des grands monuments parisiens.
– Temps libre pour le shopping etc.
– Dîner dans une brasserie.
– Spectacle de variétés dans un grand music-hall parisien.
– Retour en groupe à l'hôtel.

Jour 3: – Visite guidée du château de Versailles.
– Quartier libre.
– Transfert en bus jusqu'à l'aéroport.
– Départ pour Amsterdam à 17.15; arrivée à 18.10

Malheureusement votre voyage ne s'est pas déroulé comme vous l'aviez imaginé. Dans votre lettre précisez quels sont les sujets de réclamations. Demandez réparation.

9 *L'homme est un animal raisonnable*

LMQF 21, 26   *se cultiver*

Over vooruitgang in de kunst:
Uw dochtertje kan dat helemaal niet!

Traduisez les alinéas marqués d'un astérisque *.

1

1   * Degene die een museum bezoekt, vraagt zich soms af wat al die
kunstliefhebbers bekijken. Wat zouden de museumbezoekers zeggen als de schilderijen **op hun kop hingen**, of als men ze zou vervangen door flessen wijn of kindertekeningen? Zelfs de specialisten
5   zijn het niet altijd **met elkaar** eens, als het gaat over de artistieke
waarde van een kunstwerk.
    * Blijkbaar gaat het niet heel goed met de kunst. **Aan de ene kant**
bestaat er een overvloed aan kunstwerken. **Onlangs** zijn er in Nederland twee grote musea voor moderne kunst geopend, in Gronin-
10   gen en in Maastricht. **Er worden** tientallen tijdschriften **over** kunst
verkocht en het publiek groeit **nog altijd. Aan de andere kant** weet
bijna niemand meer wat kwaliteit is; de kunstenaars en de kenners
weten het zelf ook niet. De waarde van een doek hangt af van de
financiële waarde. Bovendien is het moeilijk te zeggen of een object
15   nog een kunstwerk is of **niet**. En het publiek roept voor een schilderij van Karel Appel uit: 'Dat kan mijn dochtertje óók!'
    * Al vanaf het moment dat Marcel Duchamp een urinoir tentoon-
stelde, begon de positie van de kunst steeds zwakker te worden.
Kunstwerken roepen steeds vaker de vraag op[1]: 'Is dit nog kunst?'
20   Deze **ontwikkeling** kan geïllustreerd worden **met** een grappige
anekdote. Een kunsthandelaar in New York had eens een tentoon-
stelling van zelfportretten georganiseerd. Ook Marcel Duchamp
nodigde hij uit, maar deze stuurde hem een telegram waarin stond:
'Dit is mijn portret als ik zeg dat het mijn portret is'. De handelaar
25   hing het telegram op tussen de zelfportretten van de andere kunstenaars. Een paar maanden later ontving hij de rekening van
Duchamp. Als antwoord stuurde de eigenaar van de galerie het volgende telegram: 'Dit is een cheque als ik zeg dat het een cheque is'.
Betekent dit het einde van de kunst?
30   Ik durf te beweren dat die uitspraak te pessimistisch is. Ik constateer dat er nog steeds vooruitgang is en ik doel dan niet op
vooruitgang in de negentiende-eeuwse zin: een allesomvattend
proces. En ook niet in de zin van de avant-garde die ten onder is
gegaan aan haar eigen vooruitgangsgeloof. Ik wil evenmin verde-
35   digen dat kunstwerken in de loop van de tijd steeds beter of mooier zijn geworden; dat is wat al te naïef. Een meer beperkte opvatting
van vooruitgang valt daarentegen goed te verdedigen.
    Mijn eerste argument. Kunst wordt in de loop der tijd weliswaar
niet steeds mooier, maar er komt wel steeds meer kunst met steeds
40   meer mogelijkheden. Er zijn nieuwe stijlen, nieuwe technieken,
nieuwe opvattingen, nieuwe materialen. Al deze nieuwe mogelijkheden zorgen voor een verrijking van de kunst en dus voor vooruitgang.

Mijn tweede argument dat bewijst dat er vooruitgang in de
45 kunst is, gaat ervan uit dat kunst cognitief is, ons dus een of andere
nieuwe kennis bijbrengt. Daarmee bedoel ik niet zozeer wetenschappelijke kennis, maar juist allerlei moeilijk benoembare subtie-
le ervaringen. Kunstwerken oefenen om te beginnen de waarne-
ming. Kunstwerken kunnen ons gevoelig maken voor de confron-
50 tatie van kleuren en vlakken, hoe harmonie en symmetrie ontstaat.
Kunst traint ons in het zien van onverwachte dingen waarvan we
niet weten wat we ermee aan moeten. Elk geslaagd kunstwerk heeft
iets van een zoektocht. Het is wat speculatief, maar kunst kan je
leren het hoofd te bieden aan onverwachte situaties. Beeldende
55 kunst is een soort conditietraining in onbevangen kijken.
      Ten derde kan kunst een rol spelen in allerlei sociale verande-
ringen. Zo verheerlijkte het futurisme de techniek en de snelheid
van raceauto's. Het futurisme speelde zo een grote rol in de accep-
tatie van een technologische cultuur.
60   Er is dus vooruitgang in de cultuur. De geschiedenis is nog niet
voorbij, en misschien is de hedendaagse complexiteit juist een teken
van rijkdom. Wel moet men bereid zijn zich uit te spreken over wat
goed en wat slecht is. Telkens moet de vraag gesteld worden: 'Wat
voegt dit toe aan wat er al is? Welke mogelijkheden biedt het voor
65 iets nieuws?' Precies daarom is het vooruitgangsbegrip ook zo
belangrijk.

Naar: De Volkskrant

[1] een vraag oproepen – susciter, soulever une question

9.2 Wat

Wat zouden de museumbezoekers zeggen.
Niemand weet bijna meer wat kwaliteit is.

Dans une question directe on emploie:	
Wat is belangrijk?	Qu'est-ce qui est important?
(wat = sujet de la phrase)	
Wat doen zij?	Qu'est-ce qu'ils font? Que font-ils?
(wat = objet direct de la phrase)	
Dans une question indirecte on emploie:	
Ik weet niet wat belangrijk is.	Je ne sais pas ce qui est important.
(wat = sujet de la subordonnée)	
Ik weet niet wat zij doen.	Je ne sais pas ce qu'ils font.
(wat = objet direct de la subordonnée)	

Ce qui et ce que introduisent aussi une subordonnée substantive ou relative:

Hij is niet gekomen, wat me verbaast. Il n'est pas venu, ce qui m'étonne.

(wat = sujet de la subordonnée)

Quand on demande une définition, on utilise:

Wat is een planeet?	Qu'est-ce qu' (Qu'est que c'est qu') une planète?
Hij weet niet wat een planeet is.	Il ne sait pas ce qu'est une planète. Il ne sait pas ce que c'est qu'une planète.

Quand on peut remplacer *wat* par *welk* ou *hoe*, on emploie *Quel est* (etc) ....? :

Wat is de prijs van die jas?	Quel est le prix de ce manteau?
Ik weet niet wat de kleur van die auto was.	Je ne sais pas quelle était la couleur de cette voiture.

GP 11.2, 12

NPW obs gr IX

oef 11.8

ES 7.4

1 Wat zegt u? Ik heb niet goed begrepen wat u zegt.

2 De politie weet nog steeds niet wat de oorzaak van de brand-geweest is.

3 De vrouw begreep niet wat haar man ertoe gebracht had van haar weg te gaan.

4 Wat was je eerste vraag? Kijk eens goed naar het voorbeeld, dan kun je zelf vinden wat het goede antwoord is.

5 Wat het meest populair blijft, zijn films.

6 Zonder veel geld te investeren, wat de meeste studenten zich niet kunnen permitteren, is het moeilijk succes te hebben.

7 'Wat is filosofie?', vroeg mijn kleine broertje.

8 Wat Gaston Lentillon wil, is zijn bedrijf uitbreiden.

9 'Wat een prachtig schilderij,' riep Karel Appel uit, 'maar het is wel wat groot.'

10 Ik weet niet meer wat ik moet doen.

9.3 Bezoeken/gaan

Degene die een museum bezoekt, vraagt zich soms af wat al die kunstliefhebbers bekijken.

NPW

bezoeken, gaan

oef 7.9, 12.3

1 Pendant trois jours nous nous sommes promenés en ville et nous – (bezochten) des musées.

2 – (Verdwijn), je veux absolument que tu – (weggaat).

3 Demain, nous – (gaan naar) nos grands-parents à Grenoble.

4 Le téléphone – (gaat). Oui, oui, j'– (ga al).

5 Le chef de l'Etat – (is ... gegaan) à Londres.

6 Si j'ai le temps, je – (kom jullie ... opzoeken) demain, d'accord?

7 Pierre ne – (gaat ... om met) plus guère ses anciens camarades de lycée.

8 C'est l'après-midi que le docteur – (bezoekt) ses malades.
9 'Monsieur le Directeur, je vous – (breng ... een bezoek) demain,' répondit le maire d'un ton menaçant.
10 Hier soir nous – (hebben ... op bezoek gehad) des Duparc, nos nouveaux voisins.

F-N 9.4 Le musée digital

1

1 *Deux CD-ROM intéressants consacrés à la peinture viennent de sortir: 'Poussin', et 'le Musée du Louvre'. Le premier est une initiation à l'oeuvre de Poussin, riche en informations mais au prix élevé (450 francs), le deuxième une visite interactive du plus grand musée du*
5 *monde.*

Nicolas Poussin est le premier peintre français dont l'oeuvre **fasse l'objet d**'un CD-ROM. Jusqu'ici, ses tableaux avaient été photographiés et reproduits en noir et blanc et en couleurs, sur papier
10 journal, sur cartes postales et sur posters géants. Désormais, ils se trouvent sur un disque laser, accompagnés d'explications de toutes sortes, et même d'un 'hypertexte': entendez par là des mots en caractères gras dont la définition figure dans un glossaire. Pour le consulter, **il suffit** de 'cliquer' sur l'un de ces cent cinquante neuf mots.
15 Un CD-ROM donc qui sait tout et le dit avec promptitude. Tout? Tout ce qui lui a été appris par ceux qui ont conçu le programme, et tout ce qui pouvait tenir sur un seul disque. **Passé** le premier moment de surprise, les limites apparaissent. **S**'il est rédigé par les spécialistes les plus compétents du monde, un CD-ROM n'est qu'un
20 supercatalogue électronique qui stocke mais qui n'invente pas. Consulter un CD-ROM ne saurait donc en aucun cas se substituer à l'observation des oeuvres.
Où cette nouvelle technologie est surtout à sa place, c'est dans l'enseignement; le CD-ROM *Louvre, peinture et palais* le démontre.
25 Partant d'une idée simple – visiter le palais du Louvre et ses collections de peinture salle par salle –, il combine histoire de l'architecture et histoire de la peinture en montrant les cent tableaux les plus célèbres du musée. Ils ont été classés par lieux, par écoles, par dates et par noms d'artistes, chacun accompagné d'un commentaire sono-
30 re et de petits morceaux de musique (d'une chanson médiévale au *Boléro* de Ravel et à un morceau de John Cage).
Les explications sur l'architecture traitent l'évolution qui a fait d'un château fort le 'plus grand musée du monde' et elles contiennent tout ce que dirait un guide compétent.

D'après: *Le Monde*

9.5 Étoffement de la préposition

Ils se trouvent sur un disque laser, accompagnés d'explications de toutes sortes.

En français écrit, la préposition est souvent *étoffée*, c'est-à-dire renforcée à l'aide d'un verbe. Pour trouver le bon étoffement, il faut d'abord essayer de déterminer quel verbe pourrait être ajouté à la préposition néerlandaise:

Het schilderij aan de muur. (opgehangen aan de muur)	Le tableau accroché au mur.

Parfois, il s'avère impossible de trouver un verbe qui puisse se combiner avec la préposition d'origine. Dans ce cas-là, on ne se souciera plus de la préposition et on choisira un verbe qui rende le mieux le sens de la préposition néerlandaise:

Een schilderij met een landschap.	Un tableau représentant un paysage.

L'étoffement se présente sous trois formes: participe présent, participe passé, subordonnée adjective:

Een vrouw met longontsteking.	Une femme *souffrant d'*une pneumonie.
De mensen naast mij stonden op.	Les personnes *assises* à côté de moi se levèrent.
In de maand tussen de twee gebeurtenissen.	Au cours du mois *qui séparait* les deux événements.

En néerlandais, les verbes comme *willen, moeten, mogen etc.* peuvent se construire avec une préposition. En français, dans ce type de constructions, la préposition doit être étoffée au moyen d'un verbe (infinitif):

Ik moet naar de dokter.	Je dois aller chez le médecin.
Hij heeft niet gebeld voor een afspraak.	Il n'a pas téléphoné pour prendre rendez-vous.
Ik wil naar huis.	Je veux rentrer.

NPW met, op
oef 6.10

1 De vrouw in de zwarte stoel stond op en kwam naar hem toe.
2 Dit boek uit 1954 is de eerste uitgave van deze roman.
3 Gisteren heb ik die man in die zwarte jas ook al langs zien komen.
4 Deze kerk uit de twaalfde eeuw is onlangs gerestaureerd.
5 Alle schilderijen staan op een cd-rom met allerlei uitleg.
6 Een toerist met een Duits paspoort heeft geprobeerd vals geld te wisselen.
7 Hij moest naar huis, maar de bus naar het centrum was een uur geleden vertrokken.

8 De weg door het bos is slecht onderhouden.
9 We zoeken iemand met minstens drie jaar ervaring op dat
gebied.
10 Ik ben vergeten de tandarts te bellen voor een afspraak.

9.6 L'informatique

Consultez le dictionnaire et rassemblez, avant de faire cet exer-
cice, quelques publicités d'ordinateurs. Lisez-les attentivement
et faites une liste des termes qui appartiennent au langage
informatique.

Remplissez les blancs:

Il y a un an environ, j'attaque l'énième rayon — (1. computer-,
adj) parisien. J'arrive enfin à trouver une vendeuse disponible.
'Bonjour, je suis professeur de français, je souhaiterais acheter — (2.
een computer)'. Au passage, je glisse que j'aimerais que ma femme
puisse l'utiliser aussi et que mes deux enfants de 5 et 7 ans puissent
y — (3. er in doen) leurs — (4. schijfjes) avec des — (5. videospelletjes).
La vendeuse me montre — (6. een IBM computer). 'C'est très
simple,' me dit-elle. '— (7. De CD-ROM speler), — (8. de modem),
— (9. de software) et même — (10. de fax) sont déjà intégrés. Vous
n'avez plus qu'à — (11. aansluiten) votre appareil et cela marche
tout seul. Pour vos enfants, il y a de grosses icônes à — (12. aan-
klikken); vous verrez, il n'y a pas de difficulté'.
Jusque-là, j'y suis. Mais je veux être guidé: 'Quelle machine me
conseillez-vous?' Elle coche l'une des machines du catalogue et se
lance dans une explication du — (13. werking van de computer) où
se bousculent les termes de — (14. megabyte geheugen), de — (15.
toetsenbord) ergonomiques et de — (16. muis). Je ne comprends
rien, sauf deux détails: — (17. de lap-top) coûte deux fois plus cher
et le prix, pour l'appareil convenant à mes besoins varie entre 8 000
et 15 000 francs TTC, sans compter — (18. een inkjet printer), dont
je ne peux absolument me passer.
Je commence à me poser de sérieuses questions sur mes capa-
cités intellectuelles. C'est déjà le septième magasin et jusque-là
aucun vendeur n'a été capable de m'expliquer clairement ce que
c'est que — (19. de multimedia), ni les avantages de l'ordinateur —
(20. IBM compatible) et les inconvénients du — (21. Apple), ni comment se servir de/d'— (22. Internet). Presque tous semblent
maquiller leur incompétences en pratiquant un latin informatique
dont Molière aurait fait une dizaine de comédies...

9.7 Als, of

S'il est rédigé par les spécialistes les plus compétents du monde, un cd-rom n'est qu'un supercatalogue.

Si peut avoir différentes fonctions en français: *si* concessif (*al*), *si* conditionnel (*als / indien*), *si* introduisant une question indirecte (*of*) etc.
Attention: contrairement au néerlandais, la question indirecte introduite par *si* (*of*) ne peut pas être rattachée à un substantif ni à un adjectif et elle doit avoir la fonction d'objet direct. C'est pourquoi il faut parfois ajouter un verbe afin d'obtenir un c.o.d.

De vraag of hij komt of niet, is niet interessant.	La question de savoir s'il viendra ou pas n'est pas intéressante.
Hij heeft mij gebeld of ik wilde komen.	Il m'a téléphoné pour savoir si je voulais venir.

GP 4.1, 12.3.6,
16.9.4.1,
23.3.3.3, 25.5.7
NPW obs gr
XXII
oef 3.4, 8.8
ES 22.4.2,
16.6.1

1 De vraag is of mijn moeder gelijk heeft.
2 Ik vraag me werkelijk af of ik de vertaling vóór het weekend af heb.
3 We zien elkaar niet meer zo vaak als vroeger.
4 Als Marianne 12 jaar is, slaapt ze niet meer met haar beertje.
5 Als ik ja zeg, zegt hij nee.
6 Zijn jullie niet benieuwd of ze haar nieuwe vriendje meeneemt?
7 Als het in Nederland regent, gaan we naar Frankrijk op vakantie.
8 Kunt u me misschien zeggen of ze thuis is?
9 Als hij dàt hoort, wordt hij woedend.
10 Die motor verbruikt evenveel benzine als mijn auto.

N-F 9.8 De dialoog tussen studenten en docent

2

1 Sinds kort beoordelen, op verzoek van het ministerie van Onderwijs, onafhankelijke commissies de kwaliteit van het universitaire onderwijs in Groot-Brittannië. Bij de instellingen die **onderzocht zijn**, waren ook enkele *schools* uit Oxford. Met ongeduld **werd**
5 **gewacht** op de resultaten van deze vergelijking tussen eeuwenoude tradities en moderne onderwijskundige opvattingen.

Vooral door het **zogenoemde** tutorsysteem[1] is het oordeel positief geweest. Voor de meeste vakken is dat de beste vorm van onderwijs: de permanente dialoog tussen student en docent. Het
10 zou dan ook de moeite waard zijn om dit systeem, dat Nederland vroeger ook heeft gekend, maar dat door het grote aantal studenten is verdwenen, opnieuw in het Hoger Onderwijs in te voeren.

Om de doelstellingen te bereiken, stelt de onderwijsgever zich in
dit systeem de volgende vraag: 'Wat moet de student na vier jaar (of
15 na acht weken) studie weten en welke **kennis** moet hij verworven
hebben?' Verder werken de studenten zelfstandig, en als ze geen
vragen hebben, **wordt** hun niets **uitgelegd**. De studenten zoeken
namelijk zelf naar het antwoord **op** de vragen die ze hebben.
Natuurlijk zal de docent niet overbodig **blijken** te zijn; hij nodigt de
20 student uit voor wekelijkse bijeenkomsten tijdens welke hij tegelijkertijd helpt, controleert, adviseert en stimuleert.

In dit systeem is boeken lezen nooit een doel maar een middel.
Immers **door** het bestuderen van handboeken en artikelen leren de
studenten niet om intelligent te discussiëren en ook niet om proble-
25 men op te lossen. De weinige hoorcolleges die de studenten volgen,
leren hen snel informatie te selecteren en te verwerken[2].

Zo beantwoordt dit systeem aan de eisen van doelmatigheid, stimuleert student en docent en maakt tevens een einde aan het onper-
soonlijke karakter van de universiteit.

Naar: *De Volkskrant*

[1] tutorsysteem – le système de tuteurs, le tutorat

[2] verwerken – assimiler

9.9   Door

Vooral door het zogenoemde tutorsysteem is het oordeel positief
geweest.
Dit systeem is door het grote aantal studenten verdwenen.
Door het bestuderen van handboeken.

La préposition *door* ne se traduit que rarement par *par*. C'est entre autres le cas
quand *door* introduit le complément d'agent d'un verbe à la voix passive.
Le plus souvent cependant, on devra traduire par un *gérondif*, par *à cause de* ou
grâce à.

Door te + infinitif se traduit par un gérondif si le sujet du gérondif est le même
que celui de la proposition:

Door 's avonds te werken kon hij net rondkomen.	En travaillant le soir, il réussit tout juste à joindre les deux bouts.

A cause de introduit la cause d'un événement fâcheux (cause négative):

We konden niet vertrekken door het slechte weer.	On ne pouvait pas partir à cause du mauvais temps.

On emploie *grâce à* quand il s'agit d'un événement heureux (door = dankzij):

Door het mooie weer is de verf snel gedroogd.	Grâce au beau temps, la peinture a vite séché.

NPW door
oef 6.11, 7.7

1 Door de veranderingen in het programma zijn de resultaten van de studenten verbeterd.

2 Door het grote aantal hoorcolleges is er bijna geen contact met de docent.

3 Veel arbeiders worden ziek door de slechte werkomstandigheden.

4 De meeste files zijn verdwenen door de aanleg van deze nieuwe snelweg.

5 Het hele gebied was reeds door de vijand bezet.

6 Dat hij zo veel fouten heeft, komt door zijn slordigheid.

7 Ze keek door het raam en zag hem door de achterdeur naar binnen gaan.

8 Hij liep door de straat zonder te bemerken dat hij door de hond gevolgd werd.

9 Door boeken in het Frans te lezen vergroot je je kennis van de taal.

10 Waardoor komt het dat de regering nog steeds geen beslissing genomen heeft?

9.10 Verbes et prépositions

NPW
oef 2.7, 5.2, 11.3

1 De prins zei dat hij eerlijk zou antwoorden op alle vragen die de journalist hem zou stellen.

2 Op aandringen van de directeur is de beslissing tot maandag uitgesteld.

3 Ik heb mijn dochter pannenkoeken leren bakken.

4 In de toekomst zullen we steeds vaker met dit probleem geconfronteerd worden.

5 De minister verwacht dat de resultaten donderdag aanstaande worden gepubliceerd.

6 De reizigers wordt aangeraden een bezoek aan dit museum zelf te organiseren.

7 Mijn moeder komt uit Oxford en mijn vader uit een oude Schotse familie.

8 Het is misschien beter om hem voor de lunch uit te nodigen.

9 Op verzoek wordt de catalogus u gratis toegezonden.

10 Hij ging de kamer binnen zonder naar de papieren te kijken die op de grond lagen.

9.11 Blijken/lijken/schijnen

Natuurlijk zal de docent niet overbodig blijken te zijn.

NPW blijken,
lijken, uitzien
oef 3.12

1 Het antwoord bleek veel makkelijker te zijn dan ik had gedacht.

2 Het schijnt dat het aantal werkcolleges zal worden verminderd.

3 Ze lijkt zich op haar gemak te voelen onder haar nieuwe collega's.
4 Het blijkt dat de meeste studenten deze romans nog niet gelezen hebben.
5 Het leek wel of hij zijn lezing niet had voorbereid.
6 Uit de resultaten blijkt dat de tekst te moeilijk was.
7 Het schijnt dat de resultaten de afgelopen jaren verbeterd zijn.
8 Uit de statistieken blijkt dat het aantal middelbare scholieren gestegen is.
9 Dat lijkt wel Japans. Het is onleesbaar!
10 Zijn ouders bleken al enige tijd in het buitenland te wonen.

F-N 9.12 La maladie de la sélection

2

1 L'enseignement supérieur en France souffre d'une sélection excessive. Ou plutôt, on fait un mauvais usage de la sélection. D'un côté, **on constate une certaine hypersélectivité**; les Grandes Ecoles forment des cadres en nombre insuffisant, et dont les connaissances ne
5 correspondent pas aux besoins du marché de l'emploi. De l'autre, les universités sont submergées par le grand nombre d'étudiants. Par conséquent, elles ne peuvent plus faire en sorte que la formation des spécialistes de toutes les disciplines dont la société occidentale moderne a besoin, soit organisée de façon correcte.
10 Le prix que paye la collectivité pour cette mauvaise organisation est considérable. Un élève de Grande Ecole coûte au moins trois fois plus cher qu'un étudiant d'université. La pénurie de diplômés de Grandes Ecoles conduit les entreprises à offrir des salaires excessivement élevés. D'autre part, les étudiants d'université sont con-
15 frontés à des **conditions de travail** désastreuses, et mettent beaucoup plus de temps à terminer leurs études qu'ils ne le devraient. Cela diminue la productivité du système universitaire.
Le dommage n'est pas moins grand sur le plan humain. Les élèves de classes préparatoires[1] ont un emploi du temps chargé, ce qui
20 est peu propice à l'épanouissement de la personnalité, tandis que les étudiants de première année d'université, **victimes** du manque de personnel, courent de grands risques de commencer leurs études par un échec.

D'après: *Francoscopie*

[1] les classes préparatoires – klassen waarin men zich voorbereidt op het **concours d'entrée** voor een Grande Ecole.

9.13 Cultures vice versa

Excelleren of uitsloven?

Onderwijsland reageerde geschokt op het proefschrift van Sarah Blom waarin zij de intellectuele vorming in Nederland en Frankrijk vergelijkt. Nog geen tweehonderd kilometer bij ons vandaan sluit meer dan de helft van de leerlingen de middelbare school af met een stevig vwo-diploma, wat op Nederlandse scholen nog niet één op de vijf lukt. Voorts lekt in Nederland niet alleen intellectueel kapitaal weg doordat arbeiderskinderen en allochtonen het slecht doen, ook van de slimme en kansrijke kinderen legt maar de helft het intellectuele traject af.

Blom stelt dat het Nederlandse schoolsysteem niet tot intellectuele inspanning uitdaagt, maar de intellectuele prestaties van zijn leerlingen opvat als resultante van individuele aanleg en het daarbij laat. Daardoor worden culturele achterstanden niet gecompenseerd en gaan sociale verschillen sterk doorwerken. Als het kind zich op het eigen niveau ontplooit, is de meester dik tevreden. En dat is funest, want juist de hoge verwachting die de leraar heeft, is – naast het culturele kapitaal van thuis – de belangrijkste factor bij intellectuele vorming. Als een kind 'niet kan leren', stelt zowel de schoolorganisatie als de leraar voor de klas zich daar direct op in door de verwachtingen bij te stellen. Men behoort immers 'uit te gaan van het kind'.

In Frankrijk spelen aanleg en milieu een veel minder grote rol bij schoolkeuze en -succes. Het 'système unique' is daar indertijd verdedigd met politieke argumenten: het is democratisch, modern en goed voor het land. Er is niet gerept over de ontplooiing van het individu, een argument dat in Nederland bij onderwijsdiscussies steevast de doorslag geeft. Allochtonen en arbeiderskinderen lijken ook meer baat te hebben bij de Franse benadering: hier heb je de feiten en de vaardigheden waarmee je jezelf kunt ontplooien. Die mogelijkheid wordt arbeiderskinderen onthouden als ze de tafels of de spelling niet hoeven te leren omdat dat hun individuele ontplooiing in de weg zou staan.

Blom maakt onderscheid tussen massavorming en elitevorming. Elk onderwijsstelsel kent in dat opzicht een omslagpunt: wanneer het 'volksonderwijs' klaar is, kan de vorming van een elite beginnen. Onderwijsstelsels verschillen sterk in waar die omslag ligt. In Frankrijk is de deelname van arbeiders- en allochtone kinderen aan de 'hogere intellectuele trajecten', zeg maar de elitevorming, tweemaal zo groot als in Nederland. Door de cesuur scherp bij twaalf jaar te laten liggen heeft Nederland de intellectuele vorming van de massa in feite opgegeven. Met zijn inhoudelijk zware middenschool legt Frankrijk de cesuur daar, waar al een veel groter deel van de massa intellectueel gevormd is, namelijk na drie voortgezet onderwijs. Dan is het sociale effect van de selectie, die natuurlijk toch vroeg of laat moet gebeuren en die in Frankrijk veel harder is dan in Nederland, veel kleiner.

Arbeiderskinderen bij de elitevorming betrekken, zodat daar geen intellectueel kapitaal verloren gaat, dat is het traditionele argument van links om voor de middenschool te zijn. Door rechts is het bestreden omdat slimme kinderen er door de domme zouden worden geremd. Maar er is met het Franse voorbeeld voor ogen met gemak een rechtse spiegelredenering op te zetten die tot een pleidooi vóór een – inhoudelijk zware – eenheidsschool leidt. Door het ontbreken van een vangnet aan lagere schooltypes blokkeert een eenheidsschool het ontsnappen van slimme maar luie 'elite'-kinderen.

Het onderpresteren van Nederlandse kinderen is ook toe te schrijven aan de vaak geconstateerde afkeer van excelleren, bij kinderen zelf uitsloven genoemd. Op Franse scholen is het juist de bedoeling dat men 'uitblinkt'. Men trekt er elkaar niet omlaag met een anti-prestatiemoraal en men stelt aan begaafden juist hogere eisen, zonder de minder begaafden af te schrijven. Nederland ontmoedigt en Frankrijk stimuleert 'eruit springen' op grond van hetzelfde argument: gelijkheid. In Nederland wordt 'gelijke kansen', zeker wat het onderwijs betreft, vertaald in het ontkennen van verschillen tussen mensen, in een allergie voor uitsloven en daardoor in nivellering naar beneden. In Frankrijk werkt het principe van de gelijkheid van kansen andersom: een strenge, maar blinde selectie op capaciteit moet ervoor zorgen dat de juiste mensen op de juiste plekken komen, ongeacht hun sociaal-economische of etnische achtergrond. Er is dan ook een ingewikkeld, allesomvattend systeem van examens en concoursen op elk gebied, voor elke functie.

Onderwijsvernieuwingen zijn in Nederland vaak louter organisatorisch-juridisch, in het beste geval opgedirkt met pedagogisch-didactische of emancipatorische argumenten, maar zelden onderwijs-inhoudelijk. Een nationaal curriculum tot op het hoogste niveau, iets waarover men in Frankrijk rollend over straat zou gaan, of een nationaal onderwijsbeleidsplan dat het kennisniveau van de bevolking opkrikt, daar valt in Nederland niet eens over te praten.

Naar: Gerard van Rossum, *Spiegel Historiael*

Résumez le texte en français en 400 mots.

9.14 Ecrivez

A1 Présentez le fonctionnement du système scolaire aux Pays-Bas en décrivant à partir de 4 ans quel peut être le parcours d'un enfant. Précisez à chaque étape quelles sont les différentes possibilités. Pensez aux différentes écoles, formations, filières etc. Décrivez les diplômes. N'oubliez pas de donner une image du rythme scolaire (horaires, vacances). Pour vous faciliter la tâche, pensez aussi à votre propre expérience.
Savez-vous quelles sont les grandes différences avec le système français? Pensez au choix des écoles, aux matières enseignées etc.
Selon vous, quelles sont les améliorations à apporter au système éducatif néerlandais?

A2 Choisissez, dans un livre d'art ou dans un musée, un tableau datant du XVIIe siècle et représentant une scène avec de nombreux personnages. Décrivez-le en détail et dites ce que vous aimez et ce que vous n'aimez pas dans ce tableau.

A3 Résumez le texte 9.1 (en 400 mots).

affaires

B L'institut de langue LANGUAZUR à Nice vous a demandé de rédiger un petit texte publicitaire en français et en néerlandais dans lequel vous présentez cet institut. Les éléments suivants doivent figurer dans votre texte:
- verschillende niveaus
- aantal lesuren per week
- aantal studenten per klas
- vakken: Franse taal en cultuur
                zakelijk Frans
                verbetering taalvaardigheid en uitspraak
- huisvesting: in gastgezinnen
                campus van de universiteit
- culturele activiteiten

10 Un homme averti en vaut deux

LMQF 22, 23   *s'informer*

N-F 10.1 Oorlog

1

1   Het karakter van de Tweede Wereldoorlog verschilde essentieel van
dat van de Eerste Wereldoorlog. Men bediende zich van verschrik-
kelijke wapens (de atoombom), er waren meer slachtoffers onder de
burgerbevolking en er was sprake van een systematische uitroeiing
5   van ethnische groepen (zes miljoen joden kwamen om in de gaska-
mers). Bovendien verzetten in vele landen mannen en vrouwen zich
tegen de bezetter en gingen in het verzet.

Op 3 september 1939 vielen de Duitsers Polen binnen. Engeland
en Frankrijk verklaarden Duitsland de oorlog. Het Poolse leger, uit-
10   gerust met oude wapens, kon slechts kort het hoofd bieden aan de
vijandelijke troepen en gaf zich na enkele weken over. Tijdens deze
periode was de situatie aan het westelijk front vrij rustig, men sprak
van de 'schemeroorlog'[1]. Door de Duitse onderzeeboten werden
echter reeds vele Britse en neutrale schepen **tot zinken gebracht**. In
15   1940 bezette Hitler echter plotseling Denemarken. Duitse troepen
landden vervolgens, gesteund door parachutisten, op de stranden
van Noorwegen. De gevechten die hier geleverd werden, waren
van korte duur.

De aanval op Nederland vond plaats **op** de ochtend **van** 10 mei.
20   Duitse gevechtseenheden staken de rivieren over waarvan de Hollandse verdedigers de meeste bruggen **hadden opgeblazen**, en wisten door de linies heen te breken. Vele Nederlandse soldaten trokken zich terug of vluchtten in paniek. Enkele honderden vochten
door en velen sneuvelden in de hevige gevechten. Ondertussen vie-
25   len Duitse jachtvliegtuigen en parachutisten strategische doelen
rondom Den Haag aan. De Duitsers stuitten hier echter op flinke
tegenstand en leden relatief zware verliezen; een groot aantal vlieg-
tuigen werd neergeschoten. Na het bombardement **op** Rotterdam
gaf de Nederlandse opperbevelhebber het bevel de strijd te staken.
30   Het doel van de Duitse militaire operatie was de Maginotlinie in
de rug aan te vallen en het Britse leger in Noord-Frankrijk te omsin-
gelen. **Op 14 en 15 mei** moesten de Fransen inderdaad terrein prijs-
geven en braken de Duitsers bij Sedan door het front. Hun tanks
vorderden snel en kwamen **op** 20 mei in Abbeville aan. **Het meren-**
35   **deel van** de Engelse soldaten slaagde er echter in heelhuids via
Duinkerken Engeland te bereiken. Parijs werd ingenomen en Vichy
werd de zetel van de nieuwe Franse regering, die in juni 1940 een
wapenstilstand met de Duitsers sloot.

Naar: *Winkler Prins Encyclopedie*

[1] schemeroorlog – la drôle de guerre

10.2 Op: dates et jours de la semaine

Op de ochtend van 10 mei 1940 vielen de Duitsers Nederland binnen.

Dans les dates, on emploie en général *l'article défini*.

Het is vandaag de elfde.	Nous sommes le onze.
Amsterdam, 2 oktober 1999.	Amsterdam, le 2 octobre 1999.
Voor 12 mei.	Avant le 12 mai.
Op vrijdag 17 oktober 1999.	Le vendredi 17 octobre 1999.
Attention: *Op* 14 en 15 mei.	*Les* 14 et 15 mai.

NPW op, dag
GP 5.1.2.3,
8.4.1
ES 5.1.3

1   Op 11 mei 1998 werden deze misdadigers tot 10 jaar gevangenisstraf veroordeeld.
2   Zij hadden op donderdag 8 januari een overval gepleegd op een filiaal van de Crédit Lyonnais.
3   Het was de dag waarop de avondkranten op de voorpagina het nieuws publiceerden van de fraude bij de spaarbanken.
4   De dag daarop, vrijdag na het bericht, hebben veel klanten al hun geld opgenomen.
5   Op de ochtend van 10 januari wilde ik mijn geld op een andere rekening storten.
6   Helaas, de banken zijn gesloten op zaterdagen en op zon- en feestdagen.
7   In de nacht van 12 op 13 januari heb ik mijn vader gebeld, maar er werd niet opgenomen.
8   De volgende morgen vond ik zijn brief, verstuurd op de dag van zijn vertrek: *Parijs, 12 januari 1998*.
9   De donderdag daarna ben ik hem op gaan zoeken; op zaterdag ben ik weer naar huis gegaan.
10 Ik hoop hem zondag te zien want hij is op dinsdag teruggekomen uit Marseille.

10.3 Traduction contextuelle de quelques adverbes

Enkele honderden soldaten vochten door.

Il est préférable, parfois même obligatoire de traduire certains adverbes ou locutions adverbiales par *un verbe auxiliaire* (de mode ou de temps) en français:

De trein was *net* vertrokken, toen ik op het perron kwam.	Le train venait de partir lorsque j'arrivai sur le quai.
Mijn moeder is gisteren *bijna* gevallen.	Hier, ma mère a failli tomber.

Charles gaat *maar door* met me brieven te schrijven. Hij leest *alleen maar*.	Charles ne cesse de (n'arrête pas de; continue à) m'écrire des lettres. Il ne fait que lire.

Employez un verbe pour traduire les mots en italique:

GP 26.2.1
1 De afgelopen jaren *zijn* de posttarieven *steeds maar* gestegen.

NPW bijna, net, zullen, zeker, duren, hoe
2 Ik *heb* de brief *tenslotte* aangetekend naar het bureau van de burgerlijke stand gestuurd.

3 Ik *was bijna* vergeten mijn paspoort te laten verlengen.

ES 10.2
4 Deze werkelozen *zouden* hun uitkering *wel eens kunnen* verliezen.

5 De hele nacht *ging* de brandweer *door* met het bestrijden van de brand.

6 *Hoe* ik *ook* aandrong, ik heb hem niet aan de telefoon gekregen.

7 De vrouw aan het loket *heeft* mij *net* het adres van de bank gegeven.

8 *Het duurt lang voor* Paul belt. Hij *heeft vast* ons nummer niet gevonden in de telefoongids.

9 Maak je geen zorgen. Hij *zal* ons *zeker* opbellen.

10 Ik *wilde net* weggaan toen ik hoorde dat hij *zojuist was* aangekomen.

10.4 Mots de quantité (veel etc.)

Het merendeel van de Engelse soldaten wist Engeland te bereiken.

Un mot de quantité (que ce soit un nom ou un adverbe) est suivi de *de*.

Une vingtaine *de* professeurs étaient absents.	Zo'n twintig docenten waren afwezig.
Deux kilos *de* pommes de terre, s'il vous plaît.	Twee kilo aardappelen, graag.
Attention: De meeste Engelsen tonen zich tevreden met de nieuwe regering.	La plupart *des* Anglais se montrent contents du nouveau gouvernement.

Après les numéraux cardinaux par contre, le nom suit sans la préposition *de*.

De reparatie aan de auto heeft me meer dan drieduizend gulden gekost.	La réparation de la voiture m'a coûté plus de *trois mille* florins.
Deze kip legt elf eieren per dag.	Cette poule pond *onze* oeufs par jour.

Attention: *million* et *milliard* ne sont pas des numéraux, mais des noms de quantité et sont suivis de *de*.

De winst bedraagt drie miljard francs.	Les bénéfices s'élèvent à trois milliards *de* francs.

Cela vaut aussi pour des tournures telles que: *une dizaine de, une centaine de, un millier de.*

Volgens schattingen van de politie deden er zo'n duizend docenten mee aan de demonstratie.	Selon les estimations de la police, un millier *d*'enseignants ont participé à la manifestation.
Hij heeft een tiental gedichtenbundels gepubliceerd.	Il a publié une dizaine *de* recueils de poésie.

GP 6.1, 6.3
oef 1.2, 4.6
ES 5.2.3

1 In een dertigtal grote steden is de onveiligheid aanzienlijk toegenomen.

2 In de meeste gevallen gaat het om jeugdcriminaliteit.

3 Oudere mensen worden vaak beroofd. Velen durven 's avonds hun huis niet meer uit.

4 Er zijn ook veel meer slachtoffers onder jongeren dan vroeger; bijna evenveel als onder volwassenen.

5 Tijdens het onderzoek ontdekte de politie een koffer met twee miljoen dollar.

6 Er waren zoveel bewijzen dat de verdachte tenslotte bekende.

7 Volgens de rechter had de dader meerdere malen een aantal glazen te veel gedronken.

8 Verschillende getuigen verklaarden dat de verdachte meer dan twee personen gedood had.

9 Meer dan zes op de tien mensen zijn van mening dat rechters niet onpartijdig zijn.

10 Tienduizenden studenten namen aan de demonstratie deel.

11 Een aantal van hen werd door de politie gearresteerd.

F-N 10.5 Nuremberg: octobre 1945

1 **Réunies** à San Francisco en juin 1945 pour la création de l'ONU, les puissances victorieuses décidèrent que les grands criminels de guerre seraient traduits en justice devant un tribunal international. Le 8 août, **elles** signèrent à Londres un accord **précisant** les statuts

5 du futur tribunal et **définissant** les chefs d'accusation suivants: le complot contre la paix, les crimes contre la paix (diriger, préparer, déclencher la guerre), les crimes de guerre (exécutions (de prisonniers de guerre), déportations etc.) et les crimes contre l'humanité. En outre, les articles 9 et 10 de ces accords **stipulent** que, de même

10 qu'un individu, une organisation peut être criminelle: dans ces articles apparaît pour la première fois la notion de responsabilité collective.

Le siège permanent du tribunal est établi à Berlin, où se tient la séance inaugurale; le procès lui-même se déroulera à Nuremberg à
15 partir du 20 novembre 1945. Vingt-quatre dirigeants nazis sont inculpés, trois d'entre eux ne se présenteront pas (entre autres Bormann, en fuite et probablement décédé en mai 1945). Tous plaident non coupables. Jusqu'à la fin du mois de février 1946, les séances consistent en des lectures des actes d'accusation, la présentation de
20 documents et la comparution des vingt-neuf témoins à charge. Ensuite, la parole est à la défense; début juillet, les avocats entament leurs plaidoiries.

Le 30 septembre 1946 commence la lecture du jugement. Le tribunal renonce à considérer comme crimes **susceptibles** d'être punis
25 par **lui** les faits commis en Allemagne avant 1937. **Il** ne réussit pas non plus à établir une relation entre la persécution des Juifs et la guerre d'agression. Douze accusés sont condamnés à mort, trois à la prison à vie, quatre à des peines de dix à vingt ans de prison et trois sont acquittés.
30 Dans la nuit du 16 au 17 octobre 1946, les condamnés à mort sont pendus, leurs corps incinérés, leurs cendres dispersées – seul Goering a réussi à se procurer une capsule de cyanure.

D'après: *L'Histoire*

10.6   La personnification

Un accord, précisant les statuts du tribunal, a été signé.
L'article 9 de cet accord stipule que même une organisation peut être criminelle.

En français, certains verbes qui se construisent normalement avec un sujet animé (la femme dit que...) peuvent avoir comme sujet *un nom de chose* (l'article dit que...). C'est une tournure que le néerlandais préfère éviter. Employez en néerlandais plutôt un sujet animé, une tournure passive, un autre verbe etc.

Le Quai d'Orsay déclara qu'il rappellerait son ambassadeur.	Op het ministerie van Buitenlandse Zaken verklaarde men dat de ambassadeur zou worden teruggeroepen.
L'article mentionne un cas intéressant.	In het artikel wordt melding gemaakt van een interessant geval.
Le XVIIe siècle a connu un grand essor économique.	In de zeventiende eeuw nam de economie een hoge vlucht.

1 Le contrat stipule que les membres reçoivent une récompense mensuelle de 2000 francs.
2 La commission a remis au ministre un rapport plaidant en faveur d'une réforme de la justice.
3 Le communiqué officiel reprécise ce qui figure déjà dans les accords.
4 Le ministre a proposé une démarche souple et pragmatique confiant la modernisation du système judiciaire aux cours d'appel actuelles.
5 Le texte s'étend longuement sur la question de l'antisémitisme en Allemagne.
6 L'article 36 autorise l'intrusion du Garde des Sceaux dans les affaires particulières.
7 Le différend, qui oppose l'ancien ministre à l'hebdomadaire, sera examiné devant le tribunal de Paris.
8 La situation actuelle exprime l'inadaptation de la justice aux besoins de la société moderne.
9 La loi avait été débattue pendant deux mois dans une commission réunissant patronat et syndicats.
10 Ces dernières années, les salaires coréens ont connu une très forte progression.

10.7 Adjectif possessif et pronom personnel

Le tribunal renonce à considérer cela comme un crime, et il ne réussit pas non plus à établir une relation entre ces deux faits.

> Rappelez-vous que l'adjectif possessif (pour un possesseur inanimé) se traduit de préférence par *ervan, un article défini* etc. et qu'on évite en général l'emploi de *hij, zij*, reprenant un nom de chose.

GP 9.3.2
oef 4.7
NPW obs gr III
ES 7.3.2

1 La famille du ministre a demandé au tribunal la saisie de l'hebdomadaire avant sa sortie en kiosque.
2 Le rapport est malheureusement quelque peu ambigu. Ses contradictions pourraient être utilisées par les partis d'extrême-droite.
3 La France a été condamnée à plusieurs reprises par la Cour de Strasbourg. Elle se situe avec quatorze condamnations en deuxième position, derrière l'Italie.
4 Le président de la République a annoncé une réforme de l'appareil judiciaire. Son objectif est de simplifier les procédures, de raccourcir leur durée, de faciliter l'accès à la justice et de garantir l'exécution de ses décisions.

5   Deux archéologues viennent d'affirmer avoir mis au jour une petite amphore sur la paroi de laquelle est gravée une partie du nom d'Euripide. Elle a été transférée au Musée du Pirée, où elle sera restaurée.

6   La rougeole tuait dans les années 60, avant l'arrivée du vaccin, environ huit millions d'enfants. On lui attribue aujourd'hui 1 million de décès annuels sur 42 millions de cas.

7   Une voiture piégée a explosé dans la principale artère de la capitale. Son conducteur l'avait abandonnée au milieu des embouteillages juste avant l'explosion.

8   Trois chapitres de ce livre traitent des Juifs et de l'antisémitisme. Ce dernier y est fermement condamné.

10.8   Sigles

Les grandes puissances se réunirent à San Francisco pour la création de l'ONU.

Voici comment le dictionnaire définit *un sigle*: 'Suite des initiales de plusieurs mots qui forme un mot unique prononcé avec les noms des lettres, ou comme un nouveau mot'.

Le sigle prend toujours le genre du substantif le plus important. Un sigle néerlandais dans un contexte français prend en principe le genre du substantif principal dans sa traduction française.

le PS	le Parti Socialiste
la FNAC	la Fédération Nationale d'Achats (grote boekwinkels)
la TVA	la taxe à la valeur ajoutée (BTW)
le RMI	le revenu minimum d'insertion (bijstand)
le PvdA	de Partij van de Arbeid

Dites ce que signifient les sigles dans les phrases suivantes, et dites ensuite si le sigle est masculin ou féminin, singulier ou pluriel:

1   'La réforme (du/de la) – [SNCF] est en marche', a déclaré – [PDG], 'puisque l'Etat a pris à sa charge la moitié de la dette. – [CGT], qui représente près de 30% du personnel, dit être satisfait(e), mais prédit la grève générale si les engagements ne sont pas tenus.

2   Répondez aux questions ci-dessous, puis dites en 20 mots pourquoi vous aimez notre fromage. Vous gagnerez peut-être un(e) – [VTT] à 21 vitesses.

3 Si vous êtes intéressé, merci d'adresser votre lettre de candidature, – [CV], photo et rémunération actuelle à: Tiflex, – [BP] 3,
01450 Poncin.
4 Aucun des – [SDF] qui en automne dernier s'étaient réfugiés
dans l'église Saint-Bernard à Paris, n'a réussi à trouver un logement dans un(e) – (HLM).
5 Lors de l'intervention télévisée de jeudi prochain, Jacques
Chirac se propose de traiter les divers sujets d'inquiétude des
Français, particulièrement l'enseignement, la réforme de l'as-
surance maladie, la réforme des institutions (du / de l') – [UE],
l'avenir (du / de la) – [SMIC].

N-F 10.9 Een internationaal gerechtshof?

2

1 **De laatste tijd** wordt er veel gesproken over de oprichting van een
internationaal gerechtshof. Lang heeft men gedacht dat het zou blij-
ven¹ bij de tribunalen van Neurenberg en Tokio. **Weliswaar** waren
de Verenigde Naties **al in** 1948 begonnen met **het vaststellen** van de
5 statuten voor een permanent tribunaal, maar **door** de Koude Oorlog
werd dit plan nooit volledig gerealiseerd. Het hof in Den Haag is in
de ogen van velen geen echt internationaal gerechtshof.

Het huidige optimisme is heel opmerkelijk, gezien de vele moeilijkheden die nog overwonnen moeten worden. **Zo** willen sommi-
10 gen dat het nieuwe hof niet alleen belast wordt met misdrijven
tegen de vrede en de mensheid of genocide, maar ook met terroris-
me en drugshandel.

Als er sprake is van internationale agressie, **ligt het voor de
hand** een belangrijke rol te geven aan de Veiligheidsraad. Deze
15 heeft **immers** reeds tot taak **alles wat** de internationale vrede en vei-
ligheid bedreigt, te bestrijden. Een sleutelrol toekennen aan deze
raad heeft echter ook bezwaren: de vijf permanente leden kunnen
dankzij hun vetorecht **verhinderen dat** hun eigen misdaden bestraft worden.

20 Verder zijn er mensen die meer macht zouden willen geven aan
de **betrokken** staten: de staat waar een verdachte wordt aangehou-
den, de staat waar het delict is gepleegd en de staat waartegen de
aanklacht is ingediend. Het wordt zo echter wel erg moeilijk om
verdachten voor het gerecht te dagen. **De vraag blijft** natuurlijk **of**
25 men de voorrang moet geven aan de nationale rechtspraak of **dat**
het nieuwe hof het recht heeft zelf te bepalen welke processen het
wil aanspannen.

Voor het permanente hof zal het er niet altijd alleen om gaan verdachten gevangen te zetten. Dit zien we **trouwens** op dit moment
30 in het geval van het Haagse tribunaal, dat zich bezighoudt met het
vervolgen van oorlogsmisdadigers **uit** het voormalige Joegoslavië.
Het is zeker **even belangrijk dat** misdaden die hebben plaatsgehad,

worden onderzocht[2], dat getuigen worden gehoord, schuldigen en
medeplichtigen worden veroordeeld en dat de resultaten van dat
35   onderzoek openbaar worden gemaakt. Het is de enige manier **om te
verhinderen dat** groepen in plaats van individuen verantwoordelijk worden gehouden **voor wat** er is gebeurd.

Naar: NRC Handelsblad

[1] het zou blijven bij – cela se limiterait à la création de
[2] onderzocht worden – faire l'objet d'une enquête

10.10   Mode dans la substantive

Het is de enige manier om te verhinderen dat individuen verantwoordelijk worden gehouden.
Het is belangrijk dat misdaden worden onderzocht.

Rappelez-vous que dans la subordonnée substantive introduite par *que*, le mode
dépend de la nature du verbe de la principale:

Ik hoop dat zijn onderneming succes heeft.	J'*espère* que son entreprise aura du succès.
Het is niet zeker dat hij terugkomt.	Il *n'est pas sûr* qu'il revienne.
Ik vrees dat hij ongelijk heeft.	Je *crains* qu'il ait tort.

GP 23.4.2.1, 24.2

NPW obs gr

XVI

ES 16.2

oef 8.10

1 De chef eist dat hij voortaan op tijd komt, maar ik verwacht niet dat hij dat zal doen.

2 Ik ben blij dat hij onschuldig is verklaard.

3 Ik geloof dat zij ongelijk hebben, maar ik hoop dat niemand het zal merken.

4 Hij moet dankbaar zijn dat zijn dochter aangenomen wordt door het bedrijf.

5 Ik vrees dat hij het nog niet weet, maar zijn ouders willen niet dat hij zijn vrienden in Frankrijk gaat opzoeken.

6 Hoe komt het dat Nederlanders zo lang zijn? Ik geloof niet dat dat gemakkelijk te verklaren is.

7 Wij vonden het belangrijk dat hij naar onze argumenten zou luisteren.

8 Ik weet zeker dat het goed zal aflopen, maar ik ben teleurge-steld dat het zo lang heeft moeten duren voordat hij maatrege-len heeft genomen.

9 Ik betwijfel of ik het werk afkrijg, maar ik moet nu weg. Ik vind het vervelend dat mijn zoontje te lang alleen thuis zit.

10 Ik had gewild dat je meekwam, maar ik denk dat we het er beter niet meer over kunnen hebben.

10.11   Maken

NPW maken,
beter
De resultaten van het onderzoek worden openbaar gemaakt.

1   Het maakt weinig uit wat je tegen hem zegt!
2   Hij maakt me helemaal gek!
3   Een gevangenisstraf van tien jaar zal van hem geen ander mens maken.
4   Zij hebben zich schuldig gemaakt aan machtsmisbruik. Dat maakt het voor hen moeilijk om het vertrouwen van de mensen terug te winnen.
5   Volgens mij heeft dit niets te maken met zijn huidige politieke keuze.
6   In zijn werk heeft hij vaak te maken met ambtenaren van het ministerie van Onderwijs.
7   Hij doet zijn best en hij probeert zich nuttig te maken, maar niets kan hem echt populair maken.
8   Ik denk dat ze niets met deze overval te maken hebben.
9   Hoeveel verdien jij? Daar heb jij niets mee te maken.
10 De arts beloofde mij snel beter te maken. Dat maakte mijn leven een stuk vrolijker.

F-N 10.12   La presse

2

1   Un homme informé en vaut deux[1]. Longtemps, jusqu'au milieu du XXe siècle, ce sont les journaux et les livres qui constituaient la source essentielle d'information. Mais en quelques années, le journal télévisé a pour beaucoup remplacé le journal du soir que l'on ache-
5   tait au marchand de journaux en rentrant de son travail. Qui ne connaît pas cette image de papa fumant une pipe, bien installé dans son fauteuil, parcourant rapidement les gros titres à la une, ou se plongeant dans la lecture de quelque article de fond ou encore commentant les derniers faits divers à haute voix? **Si** cette image n'a pas
10 encore entièrement disparu, elle n'est vraiment plus **courante**.
     En effet, moins d'un Français sur cent lit régulièrement le journal contre 60 % il y a 20 ans. Il est donc incontestable que le tirage des quotidiens a profondément souffert de la concurrence de l'audiovisuel. En une cinquantaine d'années, il **est passé de** 9 à 7 mil-
15 lions d'exemplaires alors que la population augmentait de 18 millions. Il faut cependant ajouter que **si** l'homme moderne ne prend plus le temps d'ouvrir son journal tous les jours, il achète de plus en plus d'hebdomadaires. Ainsi il se tient au courant de l'actualité, mais aussi des grands problèmes de société comme la drogue, le
20 chômage, la santé auxquels les magazines comme *l'Express, Le Nouvel Observateur* etc. consacrent régulièrement des dossiers. Il s'offre également quelques mensuels spécialisés en fonction de ses goûts.

La presse écrite **a compris** ce nouveau besoin et la liste des revues est longue, que ce soit dans le domaine du sport, du bricolage, ou de l'automobile.

25

La presse féminine est elle aussi **en progression constante**. Les femmes désormais prennent le temps de s'informer et de se distraire. Alors que de nombreux magazines lancés dans les années 70 **adoptaient un ton** nouveau, voire féministe, on **a assisté**, ces dernières années, au retour des magazines s'adressant à une audience plus traditionnelle et moins 'parisienne'. Le courrier du coeur, la rubrique cuisine ou décoration, ne se lisent plus en cachette. **Il n'en demeure pas moins que** la mode, la beauté et tout ce qui a trait au culte du corps restent les sujets de prédilection des rédacteurs ainsi que des publicitaires.

D'après: *Francoscopie*

[1] comparez le proverbe: 'un homme averti en vaut deux'.

10.13   Cultures vice versa

Grille de programmes

Fabriquer une grille de programmes, c'est empiler les unes sur les autres des couches de téléspectateurs et répondre à leurs désirs, enfants, hommes, femmes, ceux qui restent à la maison, qui partent au boulot, qui sont sans travail ou à la retraite, qui ont des diplômes ou qui n'en ont pas, qui sont encore à l'école ou à l'université, qui aiment le foot, les chanteurs ou les recettes de cuisine, les animaux ou les westerns, les comédies ou les films d'auteur, qui habitent en centre-ville, dans les banlieues ou à la campagne.

Sachant que le mercredi soir est souvent une soirée conviviale, sachant que les enfants qui n'ont pas eu d'école sont souvent avec leurs grands-parents, sachant que les adultes ont envie de se détendre en milieu de semaine, sachant que la réglementation interdit aux télévisions de diffuser des films ce soir-là, comment faire pour satisfaire tout le monde et obtenir la meilleure audience? Réponse: diffuser un programme à large spectre capable de satisfaire le plus grand nombre.

Deuxième problème. Sachant qu'entre dix-neuf et vingt heures tout le monde rentre à la maison, que chacun s'affaire dans la cuisine, aide les enfants à finir leurs devoirs ou donne des coups de fil; sachant que personne à cette heure ne peut regarder la télévision avec une attention soutenue, comment faire pour que le plus grand nombre de Français allument leur poste et ne changent pas de chaîne avant le journal de vingt heures? Réponse: diffuser un produit, convivial de préférence, qu'on puisse regarder du coin de l'oeil et de temps en temps sans que cela nuise à sa compréhension.

Ces deux exercices parmi d'autres donnent un aperçu du casse-tête qu'est la création d'une grille de programmes qui vit selon trois rythmes différents, quotidien, hebdomadaire et mensuel, doit en outre satisfaire tous les genres de public et le plus grand nombre de téléspectateurs, possède un nombre défini à l'avance et quasi invariable de cases à remplir, doit se plier aux exigences de la réglementation, dépenser le moins d'argent possible.

L'élaboration de ces grilles de programmes que les présidents des chaînes présentent chaque année lors de conférences de presse traditionnellement tenues à la rentrée de septembre, est toujours longue et difficile. Pendant des mois, les responsables de la programmation passent des heures à essayer d'assembler de façon cohérente et efficace les morceaux d'un puzzle pas forcément taillé à la mesure. 'Faire une grille, c'est établir une espèce de menu qui doit intégrer une quantité importante de paramètres, comme la vocation et la politique éditoriale de la chaîne, l'état des stocks, l'argent, les moyens techniques, la réglementation, les talents', explique Pascal Josèphe, actuellement conseiller à TF1. 'Il nous faut de nouveaux programmes en permanence et toute la difficulté consiste à concrétiser une idée, faire que les quelques lignes de note d'intention deviennent une émission de télévision, poursuit-il. Parfois ça marche, parfois c'est la catastrophe.'

Les recettes théoriques de fabrication sont toutes connues des professionnels qui s'appuient sur les services d'études, les courbes d'audience, les données audiométriques et l'expérience. Construire une grille de programmes serait alors facile si ne rentraient en compte des paramètres que personne ne maîtrise: l'intuition, l'air du temps et la prise de risques. Si chaque directeur des programmes rêve à ce petit plus qui fera la différence, il sait aussi qu'il faut innover sans trop se démarquer pour ne froisser ni le public, ni surtout les annonceurs frileux de nature et qui aiment rentabiliser leurs investissements. Soumises à d'identiques contraintes économiques, les télévisions du monde entier ont ainsi fini par toutes se ressembler, reproduisant à l'infini les mêmes schémas tournant autour de quatre ou cinq programmes de base, un jeu, un film, un match et un divertissement, un journal télévisé. Les chaînes de télévision commerciales passent donc leur temps à créer mais surtout à ne rien inventer.

Véronique Brocard, *La Télévision*, éd. *Lieu Commun, Paris*

Vous êtes nommé co-directeur d'une nouvelle chaîne. Vous êtes chargé de la programmation d'un soir (à partir de 18 heures). Présentez votre programme en y joignant un petit descriptif des émissions que vous avez choisies.

10.14 Ecrivez

A Achetez un quotidien français (Le Monde, Libération, Le Figaro ou France-Soir) ou consultez-en un à la bibliothèque.
Dites brièvement quels sont les sujets dont on parle à la une. A-t-on parlé de ces sujets dans la presse néerlandaise, ces derniers temps? Quelles sont les rubriques? De façon plus générale, quelles sont les différences de présentation que vous constatez, par rapport au quotidien néerlandais que vous lisez le plus souvent?

affaires

B Je woont een half jaar in Frankrijk en hebt daar een girorekening geopend om een betaalpas te krijgen. Tegelijkertijd heb je aan je zus die bijna jarig is een internationale postwissel gestuurd van 35 gulden, zodat ze een cd van Björk kan kopen. Wat blijkt? Je krijgt zelf de postwissel thuis gestuurd, en je zus krijgt de betaalpas en het eerste afschrift van de rekening toegestuurd, waar de 500 francs op staan die je gestort hebt bij het openen van de rekening. De lokettist heeft blijkbaar, doordat jullie dezelfde achternaam hebben, alles door elkaar gehaald. De man in kwestie had nog uitgebreid de voordelen van een betaalpas uit de doeken gedaan: uit alle giromaten geld trekken, en betalen bij alle adressen waar je kunt betalen met de betaalpas. Je wilt naar het postkantoor om deze hinderlijke zaak zo snel mogelijk recht te zetten, maar denkt dat het probleem wel moeilijk zal zijn uit te leggen. Daarom schrijf je ter voorbereiding (puntsgewijs, zodat je het papier eventueel kunt afgeven en de lokettist het kan raadplegen bij zijn verdere werkzaamheden voor je) van tevoren even op wat je nu precies gedaan hebt in het postkantoor, wat er fout is gegaan en wat er nu moet gebeuren om het weer recht te zetten. Gebruik bij het uitschrijven uitdrukkingen die je uit het document op pagina 167 haalt en de onderstaande woorden.

girorekening	le compte chèque postal
geld storten op	verser de l'argent sur -
afschrift	le relevé (de compte)

LES CHÈQUES POSTAUX : DES AVANTAGES UNIQUES.

Avec ses 8 millions de comptes clients et son immense réseau de 17 000 bureaux, la Poste est une des plus importantes institutions financières de France. La proximité de ses bureaux, ses horaires pratiques, les services qu'elle propose à domicile, ses relevés de compte systématiques, tels sont les avantages uniques offerts par la Poste à l'ouverture de votre compte chèques.

DES HORAIRES LARGES

La plupart des bureaux de poste sont ouverts de 8 h à 19 h, du lundi au vendredi, et le samedi matin.

DES SERVICES A DOMICILE

Ils vous évitent bien des déplacements :
– Toutes les opérations concernant votre CCP peuvent s'effectuer gratuitement par correspondance : demandes de carnets de chèques, virements, etc.
– Votre facteur peut même vous verser en liquide le montant d'un chèque tiré sur votre compte (jusqu'à 4 000 F) : chez vous ou sur votre lieu de vacances.

UN RELEVÉ DE COMPTE SYSTÉMATIQUE

A chaque opération, la Poste vous fournit un relevé de compte : vous savez toujours où vous en êtes.
La Poste vous offre désormais la possibilité de recevoir gratuitement vos relevés de compte selon la fréquence de votre choix :
● Soit après chaque opération.
● Soit tous les 10 jours.
● Soit une fois par mois.

DES OPÉRATIONS FACILES...

OUVRIR

Pour ouvrir un compte chèques à la Poste, c'est facile :
● 17 000 bureaux de poste sont à votre disposition.
● Vous pouvez également procéder sans vous déplacer, par l'intermédiaire de votre facteur.
● Une condition : avoir au moins 18 ans (16 avec autorisation des parents).
● Vous devrez présenter :
– Une pièce d'identité.
– Une justification de domicile.
● Il est conseillé d'effectuer un premier versement.
● Vous disposerez immédiatement de votre numéro de compte et quelques jours après d'un premier chéquier.
● Ensuite, vos carnets vous parviendront à domicile, ou à votre bureau de poste. Pour plus de sécurité, ils seront envoyés sous pli recommandé.
A la Poste, il est possible d'ouvrir un "compte joint", au nom de plusieurs personnes. Si vous êtes marié, ce compte sera au nom des deux époux.

ALIMENTER

Vous alimentez votre CCP par trois principaux moyens :
● En faisant verser directement vos salaires, retraites, pensions, allocations, remboursements, etc.
● En déposant de l'argent liquide.
● En envoyant à votre centre les chèques, lettres-chèques, mandats, etc. que vous recevez.
En cas d'urgence, l'approvisionnement de votre compte se fait en quelques heures à votre bureau de poste ou centre de chèques.

ET GRATUITES.

RÉGLER

Avec un compte chèques de la Poste, vous pouvez régler vos dépenses de plusieurs façons :
● par chèque,
● par virement ordinaire,
● par carte bleue,
● par prélèvement automatique pour vos factures de gaz, électricité, téléphone, impôts, remboursements de prêts, etc.
● Enfin, par TUP (Titre Universel de Paiement).

RETIRER

Votre CCP vous permet de retirer de l'argent liquide :
● Au guichet de la Poste :
– Dans votre bureau.
Jusqu'à 3 000 F maximum tous les quatre jours (6 000 F avec un "compte joint").
– Dans tous les autres bureaux.
3 000 F tous les sept jours.
● Au guichet des banques du réseau CB :
2 000 F tous les sept jours avec votre Carte Bleue de la Poste (service payant).
● Aux distributeurs de billets de la Poste, des banques et "Point Argent" :
1 800 F par semaine avec votre carte bleue de la Poste.
● A l'étranger :
– Avec la carte bleue visa.
Dans 160 pays.
– Avec des postchèques.
Dans les bureaux de poste de 30 pays étrangers.

11 La fin justifie les moyens

LMQF 18, 24, 25   *la vie politique*

Het ontstaan van het Nederlandse kiesstelsel

1

1 Ons huidige kiesstelsel dateert uit de Republiek der Verenigde
Nederlanden[1], die duurde van 1579 tot 1795. Deze republiek bestond uit zeven provincies, de zogenaamde Staten. De provincies
deden een aantal dingen gezamenlijk. Wanneer er een besluit geno-
5 men moest worden, kwamen de afgevaardigden van de verschillende Staten samen in Den Haag. De vergadering heette de Staten-
Generaal.

In de republiek **vormden** een kleine groep rijke mensen en mensen van adel de regering. In de andere landen van Europa was er
10 een koning die de macht uitoefende. De koning dankte zijn gezag
aan het feit dat het volk hem zag als de vertegenwoordiger van
God.

In 1789 vond in Frankrijk de Revolutie plaats. De adel werd van
haar bevoorrechte positie beroofd en vele edelen, waaronder de
15 koning, werden omgebracht. De Franse burgers wilden niet meer
leven onder het juk van een kleine groep bevoorrechte mensen, die
alleen aan zichzelf dachten. Ze waren gaan twijfelen aan het goddelijk gezag van de koning, en die twijfel leidde tot een opstand
tegen de absolute macht. Het volk verlangde naar een gemeenschap
20 **waar** vrijheid, gelijkheid en broederschap heersten en het wilde zelf
beslissingen kunnen nemen. Het regime moest **dan ook** worden
aangepast.

De gebeurtenissen in Frankrijk beïnvloedden de omringende
landen. **Ook** in Nederland kwamen de burgers in opstand.
25 Opstandige burgers en Franse troepen maakten een einde aan de
Republiek der Verenigde Nederlanden en in 1795 werd de Bataafse
Republiek gesticht. Voor het eerst werden er verkiezingen gehouden. **Niet iedereen** had stemrecht. **Alleen** mannelijke burgers van
20 jaar of ouder die een vaste woonplaats hadden, mochten stem-
30 men. Bovendien moesten ze een inkomen hebben en de principes
van de Republiek erkennen. Ondanks de beperkingen waren deze
verkiezingen **de eerste die** leken op die welke wij nu kennen.

In de Bataafse Republiek werd nog **iets nieuws** geïntroduceerd.
In plaats van één Kamer werden er twee gevormd. Bij de ene dien-
35 de de regering wetsvoorstellen in, de andere bekrachtigde ze. Het
idee van een Eerste en een Tweede Kamer stamt uit die tijd.

Naar: *Verkiezingen (St. Burgerschapskunde)*

[1] de Republiek der Verenigde Nederlanden – la République des Provinces Unies

11.2 Le subjonctif dans les subordonnées relatives

Het volk verlangde naar een gemeenschap waar vrijheid heerste.
Deze verkiezingen waren de eerste die leken op die welke we nu
kennen.

Dans la proposition relative restrictive (beperkende bijvoeglijke bijzin, donc une
subordonnée qui ne peut pas être omise), il faut employer *le subjonctif* dans les
cas suivants:
- la relative exprime *une qualité qui est recherchée*:

We moeten een computer hebben die sneller is.	Nous avons besoin d'un ordinateur qui soit plus rapide.

- l'antécédent est *nié*:

Er is niemand die hem kent.	Il n'y a personne qui le connaisse.

- l'antécédent est accompagné d'*un superlatif*:

Het is de mooiste stad die ik ooit gezien heb.	C'est la plus belle ville que j'aie jamais vue.

- l'antécédent est accompagné de *seul, dernier, premier, unique, rare, ne..que*:

Dit is de enige roman van Modiano die we in voorraad hebben.	Voici le seul roman de Modiano que nous ayons en stock.

GP 24.3.1
ES 16.4

1 Het is de mooiste wandeling die je in deze streek kunt maken.
2 Dat is het duurste huis dat ik ken.
3 Deze studenten zijn de enige die geslaagd zijn.
4 Ze was de eerste vrouw van wie hij echt gehouden heeft.
5 Ik wil een huis kopen dat een tuin heeft en een boomgaard.
6 Charles is een van de weinige collega's die gisteren aanwezig
   waren.
7 Ik ben op zoek naar een bedrijf waar de salarissen hoger zijn.
8 Er is niemand die het stembiljet invult.
9 Ziet u geen enkele auto die u bevalt?
10 Mijn zus zoekt een universiteit waar geen examens zijn.

11.3 Verbes et prépositions

Ons kiesstelsel dateert uit de achttiende eeuw.
De verkiezingen van vroeger lijken op die welke we nu kennen.
Het volk verlangde naar vrijheid.

oef 2.7, 5.2, 9.10

1 Zij wacht nog steeds op een brief van hem.
2 Zij is zo verliefd op hem dat ze erg teleurgesteld zal zijn als hij haar brief niet beantwoordt.
3 Zij kwam de kamer binnen en zei tegen me: 'Bel mevrouw Jansen. Ik moet haar dringend spreken!'
4 Ik durfde haar niet te vragen waarover het ging.
5 Waaraan is hij gestorven? Hij leed aan een hartziekte.
6 Tijdens de vakantie zorgt hij voor de kinderen.
7 Hij heeft gekozen voor een interessante baan in het buitenland.
8 Hoeveel heb je voor dat leren jasje betaald?
9 Hij is opgehouden met die behandeling en is begonnen met een dieet.
10 Ik vroeg me af hoe het met je moeder ging. Ik begon me zorgen te maken!

F-N 11.4   La Ve République

1

1 **Instauré en 1946**, le régime de la IVe République était marqué par une très grande instabilité politique. C'était un régime parlementaire. Le président de la République était élu par le Parlement; **responsable devant l'Assemblée nationale**, le gouvernement pouvait être
5 forcé de démissionner en cas de crise politique. Il y eut ainsi, entre 1946 et 1958, vingt et un gouvernements, la guerre d'Algérie **entraînant** toute une série de crises.

En 1958, sous la pression des chefs militaires d'Alger, l'Assemblée nationale donna au général de Gaulle les pleins pouvoirs afin
10 de **régler** la crise en Algérie et d'élaborer une nouvelle Constitution. La Constitution de 1958, sur laquelle tous les Français purent se prononcer par référendum, fut acceptée avec près de 80% des suffrages. Ainsi naquit la Ve République.

Le régime est toujours parlementaire, puisque l'Assemblée na-
15 tionale peut renverser le gouvernement, mais il est aussi présidentiel, car il donne un rôle très important au président de la République, chef de l'Etat. Ce dernier (après une modification de la Constitution adoptée par référendum en 1962) est **élu au suffrage universel direct**; il peut dissoudre l'Assemblée nationale, mais lui-
20 même ne peut pas être renversé.

Jusqu'en 1986, les élections présidentielles et les élections législatives avaient toujours abouti à la même majorité politique. Lorsque les partis de droite obtinrent la majorité parlementaire, le président de la République, François Mitterrand (socialiste), nomma
25 Jacques Chirac (gaulliste) chef de gouvernement. Les institutions de la Ve République résistèrent bien à l'épreuve de la cohabitation, qui dura de 1986 à 1988. Les sondages d'opinion montrèrent que beaucoup de Français trouvent même qu'un partage des pouvoirs entre les différentes tendances politiques offre certains avantages.

11.5 Omdat

Le régime est toujours parlementaire, puisque l'Assemblée nationale peut renverser le gouvernement.

Omdat se traduit très souvent par *parce que*. Mais quand *omdat* se trouve en tête de la phrase, il se traduit en français par *comme*. On emploie *puisque* (de préférence pas en tête de la phrase) pour indiquer que la cause est connue de l'interlocuteur (omdat = immers).
On peut se servir aussi de *étant donné que*, *vu que*.

Omdat zij geen telefoon heeft, heb ik haar een briefje geschreven.	Comme elle n'a pas le téléphone, je lui ai écrit un petit mot.
Ik heb haar niet gebeld, ze is toch (immers) ziek.	Je ne lui ai pas téléphoné, puisqu'elle est malade.

La tournure néerlandaise *Dat ....., komt omdat / doordat ....* se traduit en français par: *Si ....., c'est que ....*

Dat hij niet in een goede stemming is, komt omdat hij gezakt is voor zijn examen.	S'il n'est pas de bonne humeur, *c'est qu'*il a échoué à son examen.

Le rapport de cause peut aussi être exprimé en néerlandais par *namelijk*. Ce terme se traduit généralement par *en effet* ou *c'est que*.

NPW obs gr
XIX.4
ES 22.2

1 Omdat links de verkiezingen heeft gewonnen, krijgen we een nieuwe regering.

2 De strijd gaat door. De vakbonden zijn namelijk tegen de voorstellen.

3 Veel mensen zijn nu heel rijk, omdat ze hun aandelen verkocht hebben.

4 Het beleid moet veranderen, omdat velen immers niet profiteren van de economische welvaart.

5 Dat de leden niet gekomen zijn, komt doordat ze teleurgesteld zijn.

6 Hij is werkeloos en omdat hij ziek is, kan hij geen werk zoeken.

7 Omdat je toch op hoogte was, had je me moeten waarschuwen!

8 Ik kon de directeur niet spreken. Hij zat namelijk in vergadering.

9 Aangezien het bedrijf de artikelen te laat heeft geleverd, weiger ik de rekening te betalen.

10 Hij is gearresteerd omdat hij een groot bedrag heeft verduisterd.

11.6 Participe présent/participe passé en épithète

La guerre d'Algérie entraînant toute une série de crises.
Instauré en 1946, le régime de la IVe République était marqué par une grande instabilité.

La construction avec un *participe présent ou passé en épithète*, très fréquente en français, se traduit en néerlandais entre autres par:

- une proposition relative:

La révolution agricole, précédant d'une cinquantaine d'années la révolution industrielle, eut lieu au XVIIIe siècle.	De revolutie in de landbouw, die ongeveer vijftig jaar voor de industriële begon, vond plaats in de achttiende eeuw.

- une proposition adverbiale:

Ayant obtenu la majorité absolue, les partis de gauche ont proposé au président de la République de charger leur chef de la formation d'un nouveau gouvernement.	Omdat de linkse partijen de absolute meerderheid hebben behaald, hebben ze de president van Frankrijk voorgesteld om hun partijleider te belasten met de vorming van een nieuwe regering.

GP 25.3.2,
25.5.8
oef 7.6
ES 13.1.1

1 Nous cherchons quelqu'un aimant les responsabilités et ayant l'esprit d'initiative.

2 Ayant été élu pour 7 ans, Mitterrand resta président en 1986 tout en étant obligé de gouverner avec un premier ministre de droite.

3 Il fut obligé d'accepter la politique économique menée par la droite consistant entre autres à reprivatiser une partie des entreprises nationalisées en 1981.

4 Sous la IVe République, les gouvernements se succédant sans cesse perdirent la confiance du peuple.

5 Le rapport a montré que le chômage sans cesse croissant depuis quelques mois dans le secteur de l'automobile est un problème alarmant.

6 Croyant bien faire, il a publié un article dans le journal mais cela n'a fait qu'aggraver la situation.

7 Privé de la moitié de ses collaborateurs, le ministre ne pouvait plus gouverner.

8 Pris par l'enthousiasme de mai 68, les dirigeants politiques reprirent parfois les slogans couvrant les murs de Paris durant la révolte étudiante.

Wie is bang voor telewerken[1]?

2

1 **Wat** is telewerken? En **wat** zijn de gevolgen ervan? Ondernemingen interesseren zich erg voor dit verschijnsel, maar zij zien tegelijkertijd ook nadelen. Sommige vakbonden vrezen dat het aantal arbeidsplaatsen omlaag zal gaan **door** telewerken. Dat is echter niet
5 erg waarschijnlijk. Zakenlieden hopen dat de winst of de omzet omhoog zal gaan. Dat kan heel goed, zoals men heeft geconstateerd op een congres waarvan het verslag onlangs is verschenen.

In het verslag worden alle aspecten van telewerken uiteengezet: van de inrichting van kantoren tot arbeidsvoorwaarden, van ma-
10 nagement tot mobiliteit. Vroeger is voorspeld dat telewerken een eind zou maken aan de duidelijke scheiding tussen vrije tijd en arbeid. Files zouden verdwijnen en het algemeen welzijn zou toenemen. Tegenwoordig heeft men een realistischer beeld van telewerken. **Vooral** medewerkers op midden en hoger niveau beschou-
15 wen telewerken als veelbelovend. De voordelen zijn duidelijk. Er worden kilometers bespaard: elke dag legt een ambtenaar van het Ministerie van Landbouw die niet op kantoor werkt, gemiddeld zeventig kilometer **minder** af. Het ervaren personeel wordt behouden: **zo** kunnen werknemers van een verzekeringsmaatschappij die
20 het niet meer lukt om het werk te combineren met hun gezinsleven, thuis werken. **Vooral** personeel dat parttime werkt, **maakt gebruik van** deze mogelijkheid; op deze manier hoeven ze niet eens op kantoortijden te werken! De kosten gaan omlaag: een automatiseringsbedrijf bespaart jaarlijks zes miljoen gulden doordat personeelsle-
25 den niet meer elke dag op kantoor komen. Het komt ook voor dat de productiviteit toeneemt: een industrieel bedrijf laat weten dat het zijn klanten beter en sneller bedient **met** verkopers en monteurs die **vanuit** huis vertrekken om naar de klanten te gaan.

Je kunt een lijst **met** voordelen opstellen, maar er zijn ook serieuze nadelen. Men vreest vooral het contact te verliezen. Managers
30 zijn bang dat ze het bedrijf niet meer goed kunnen leiden. Het personeel vreest zijn kansen **op** promotie te verliezen. Je moet niet onderschatten wat deze breuk met het klassieke model betekent. En je moet er natuurlijk ook aan denken om alle boodschappen door te
35 geven aan de afwezige collega!

Naar: *NRC Handelsblad*

[1] het telewerken – le télétravail

11.8 Wat/waar

GP 12
NPW obs gr
IX.A
oef 9.2
ES 7.4

1 Wat heeft de voorzitter gezegd op de vergadering van gisteren?
2 Ik weet niet wat hij gezegd heeft, maar er is in ieder geval gesproken over de lonen.
3 Wat is er? Wat scheelt eraan?

4 Wat interesseert jou nu eigenlijk?
5 Wat zijn de nadelen daarvan?
6 Wat is het beste dat ik kan doen gezien de omstandigheden?
7 Waar houd je van?
8 Weet jij waar het hoofd van de boekhouding het meest van houdt?
9 Waar droom je elke nacht over?
10 Waar denk je aan?
11 Wat denk je ervan?
12 Waar wacht je op?
13 Waar heb je een hekel aan?
14 Wat is de beste manier om rechtse partijen als het Front National te verhinderen om de verkiezingen te winnen?
15 En wat is het resultaat als het ons niet lukt om dat te verhinderen?
16 Ik weet niet wat het resultaat zal zijn.
17 Ik weet ook niet wat mijn houding dan zal zijn.
18 Wat zullen we vandaag eten?
19 Ik vroeg mij af wat ik moest doen.
20 Wat is *nationaal inkomen*?

11.9 Mise en évidence

Vooral medewerkers op midden en hoger niveau beschouwen telewerken als veelbelovend.

Rappelez-vous les manières dont on peut *mettre en relief* une partie de la phrase:
— *le détachement*
— *la périphrase grammaticale: c'est ... qui/que*
— *voilà ... qui/que; il y a ... qui/que*

GP 30.2
oef 4.2, 5.3, 8.6,
12.6
ES 20.1

1 Vooral de banken profiteren van de stijging van het Engelse pond.
2 Slechts weinig mensen zijn op de hoogte.
3 Ook het grote tekort valt mij op.
4 Vooral wat de burgemeester zegt interesseert hem.
5 Hij heeft alleen de opmerkingen van de directeur genoteerd.
6 Uitsluitend hoge uitgaven moeten vooraf worden goedgekeurd.
7 Alleen als je werkloos bent krijg je een uitkering.
8 Ook op de markt vind je plastic mappen.
9 Bij de gemeenteraadsverkiezingen hebben vooral mensen met hoge inkomens op deze partij gestemd.
10 Juist de mensen die winnen hebben het geld niet nodig.

11.10 L'article

GP 5
ES 5
oef 3.3

1 Cherchez dans le texte *Wie is er bang voor telewerken* tous les substantifs néerlandais qui ne sont pas accompagnés d'un article (ni d'un adjectif démonstratif – dit, deze – ou possessif – zijn, haar, hun).

2 Vérifiez ensuite dans votre traduction si vous avez, oui ou non, mis un article en français. Si oui, quel article français avez-vous choisi (défini ou indéfini/partitif)?

3 Formulez maintenant les deux règles principales de l'emploi de l'article en français dans les cas où l'article manque en néerlandais: l'une pour l'article défini et l'autre pour l'article indéfini/partitif. (Comme il s'agit des règles les plus générales, qui sont d'ailleurs assez simples, elles ne concerneront pas *tous* les cas que vous aurez trouvés dans le texte.)

FN 11.11 La révolution industrielle

Traduisez les alinéas marqués d'un astérisque *

2

1 * C'est avec la révolution industrielle en Grande-Bretagne que débute, au milieu du XVIIIe siècle, l'histoire de la croissance économique. A première vue, il s'agit d'une révolution de nature technique; en fait, **elle** est le résultat d'une longue évolution, à la fois
5 sociale, économique et politique. Peu à peu, du Moyen Age à la Renaissance, et de la Renaissance au XVIIIe siècle, s'est développée l'idée de progrès et de maîtrise de la nature. **La réussite matérielle** est même chez certains protestants – qui, grâce à l'imprimerie, redécouvrent la Bible – le signe de la bénédiction de Dieu.

10 * Cette longue évolution a d'abord des conséquences démographiques. La médecine progresse. L'amélioration de l'hygiène est encore plus sensible, grâce entre autres à la construction d'égouts. Et l'utilisation du coton, importé des Indes, entraîne une baisse de la mortalité infantile. De 1700 à 1820, la population britannique
15 s'élève de 6,8 millions à 16 millions.

* La croissance démographique mène à une transformation radicale de l'agriculture. On se met à utiliser les engrais. On décide de supprimer les prés où paissent les bêtes de tout le village. Les petits paysans en sont les victimes: ils n'ont pas part à la prospérité accrue
20 et sont obligés de quitter la campagne. La révolution agricole qui **précède** d'une cinquantaine d'années la révolution industrielle fournira aux premières régions industrielles une main-d'oeuvre bon marché.

* **De leur côté**, les grandes découvertes ont provoqué, depuis le
25 XVIe siècle, un prodigieux développement des activités commerciales et financières. Avec le pillage de l'Amérique latine, l'or est

devenu abondant. Ces importations de métal précieux et le développement d'un premier réseau de banques provoquent, à partir du
XVIIe siècle, une baisse des taux d'intérêts. L'art de la comptabilité
30   se répand. Des investissements irréalisables jusqu'alors deviennent
possibles, grâce aux possibilités **d'emprunt**: canaux, routes et ponts
sont construits, et facilitent la création d'industries.

On peut se demander pourquoi la Grande-Bretagne a été le premier pays touché par la révolution industrielle. Dans la première
35   moitié du XVIIe siècle, la France semblait en effet techniquement
plus avancée. En fait, l'Angleterre a bénéficié de son retard.
L'économie y était moins structurée par des réglementations de
l'Etat, qui n'était pas encore omniprésent. Le monopole d'Etat n'
existait pas en Grande-Bretagne. Elle devient ainsi la première
40   nation à connaître le laisser-faire libéral, à laisser aux nouveaux
industriels la liberté d'entreprendre ... et de s'enrichir. Pour les éco-
nomistes libéraux, notamment Adam Smith, il faut supprimer toutes les réglementations, laisser les entrepreneurs libres, utiliser de
nouvelles techniques dans l'espoir de réaliser plus de profits. En
45   cherchant à s'enrichir, ils créeront davantage de richesses – pour
tout le monde, selon Smith!

D'après: *Comprendre l'économie mondiale*

11.12   Cultures vice versa

Pays Bah!

Het lijkt erop dat 'Nederland en Frankrijk veroordeeld zijn elkaars
tegenpolen te zijn, ongeacht de issues', schrijft historicus Henk
Wesseling. En een hoge Franse diplomaat vertelde eens aan Philip
Freriks dat als vertegenwoordigers van zijn land in n'importe welke
commissie even niet wisten welk standpunt te belijden in n'importe welke kwestie, zij het Nederlandse oordeel afwachtten om vervolgens doodleuk voor het tegenovergestelde te stemmen. Een idee
uit Nederland heeft immers een grote kans in het nadeel van
Frankrijk te zijn.

Het lijkt wel of het enige dat Fransen en Nederlanders gemeen
hebben, is dat ze op twee benen lopen. Gevolg: een gezamenlijke
geschiedenis die bol staat van irritaties en misverstanden. Volgens
de Franse historicus (met Nederlandse voorouders) Christophe de
Voogd wordt onze ziel gekenmerkt door een grondig, eeuwenoud
wantrouwen jegens iedere vorm van Frans absolutisme. En Freriks
zegt: 'Parijs heeft de pretentie de dienst uit te maken in Europa. De
Belgen bekommeren zich daar niet om, maar wij storen ons daar
heel snel aan'.

Freriks vindt dat de Nederlandse politici veel harder moeten
reageren op Franse kritiek. 'Dat is de enige manier om je in Parijs

verstaanbaar te maken. Fransen zijn gewend eerst met veel kabaal wat losse flodders af te schieten. Dan leggen ze het bij onder een lunch en beginnen ze elkaar te omhelzen. In het verleden liet Nederland zich van alles gezeggen. De Nederlandse consensus-toon wordt daar niet begrepen'.

De Fransman eist van zijn staat zichtbare daden; ruggespraak is niet vereist, tempo wel. Vandaar ook vaak die 'verbale intimidatie' aan een vaag buitenland, zoals Nederland. 'Die intimidatie past in de Franse cultuur, maar valt in Nederland helemaal verkeerd', zegt Philippe Noble, directeur van het Maison Descartes in Amsterdam. 'In Frankrijk is er altijd polemiek, in Nederland haast nooit. Nederland kijkt naar Frankrijk zoals de Fransen naar Amerika kij-ken. Het grote land dat meer invloed heeft dan je lief is. Het heeft iets van een minderwaardigheidscomplex'.

De opwinding een paar jaar geleden over de Franse kernproeven hebben hem dan ook geenszins verrast: 'Het Nederlandse volk heeft weinig clementie voor alles wat er uit de Franse hoek komt. Hier werd voorgesteld alsof alle Fransen de proeven geweldig von-den, maar het tegendeel was waar. 65 procent van de Franse bevol-king was tegen, maar het leek wel of de Nederlanders deze nuance niet wilden zien'.

De Fransen verwachten van hun leiders een uitgesproken gedrag. Een president wint aan populariteit als hij internationaal als lastpost gezien wordt. De Gaulle ging destijds in tegen alle interna-tionale conventies. Hij praatte laatdunkend over de VN, de NAVO en supranationale instanties als de EEG, kortom over alles wat in Nederland hoog stond aangeschreven. De Nederlander vindt het niet prettig als zijn land internationaal geïsoleerd staat. De Fransman vindt het juist mooi: het is een bewijs dat de regering over de nationale belangen waakt en geen uitverkoop houdt. Dat is een kwestie van machtspolitiek en daar is de Fransman in tegen-stelling tot de Nederlander niet vies van.

'Frankrijk heeft een machtscultuur', zegt Philippe Noble. 'In Nederland mag macht niet getoond worden. In Frankrijk mag het niet alleen, het móet zelfs een beetje – op alle niveaus. Anders ver-dien je geen respect. De ondergeschikte verwacht niet anders van zijn superieur. Leiders die uit eigen beweging macht delegeren, zoals in Nederland, dat is in Frankrijk onbestaanbaar. Het land is volledig hiërarchisch ingesteld'.

Datzelfde constateer je in de economie. De Nederlander is een ondernemer/handelaar pur sang, gewend om zelf risico's te nemen. De Fransman is geen vrije jongen, hij verwacht initiatieven van de overheid. In Nederland krioelt het van de kleine bedrijfjes die voor economische vitaliteit zorgen. De Franse economie kent juist enorme staatsbedrijven. Fransen hechten veel waarde aan grote van boven opgelegde plannen, vooral waar het technologi-sche innovaties betreft: TGV, Ariane et cetera. De Nederlander concentreert zich op zijn eigen positie, de Fransman op de positie die de autoriteiten – de staat, de kerk – zouden moeten innemen.

Juist omdat de Nederlandse economie in de wereld bij de grotere hoort – Philips, Shell, Unilever – irriteert het de Fransen ook in hoge mate dat wij ons telkens klein voordoen. Iemand die zich onbeduidender maakt dan hij is, dat gaat er bij de Fransman – liefhebber van uitgesproken Realpolitiek en welbegrepen eigenbelang – niet in. En ondertussen steken wij maar hoogdravende verhalen af over mensenrechten en andere universele waarden. Die zijn namelijk gratis, en ze laten de mogelijkheid open onze snor te drukken als het op materiële verantwoordelijkheden aankomt. Gek wordt de Fransman ervan, hij noemt het hypocriet.

Naar: *HP/De Tijd*

Résumez l'article ci-dessus en faisant bien ressortir dans votre texte sur quels point dans le domaine de la politique les Néerlandais et les Français diffèrent les uns des autres. (1 à 2 pages)

11.13   Ecrivez

A1   Résumez le texte 11.11 en français (125 mots)

A2   Manifeste d'un nouveau parti politique

Vous avez décidé d'essayer de créer un parti politique avec un groupe d'amis qui partagent vos opinions. Ils vous ont demandé de rédiger un projet de programme (sous forme de manifeste ou de tract), où les différents principes sont clairement énoncés et éventuellement illustrés d'exemples ou expliqués. Rédigez ce programme. Prenez position par exemple: dans le domaine du régime politique, de l'économie, des impôts, de l'Europe et de la politique étrangère, de la politique sociale, du chômage, de l'aménagement du territoire, de l'environnement, de l'enseignement, du logement, ou de sujets d'actualité (consultez un journal si vous êtes à court d'idées). Vous pourrez numéroter les points que vous aborderez. Quel sera le nom du parti? (1 page)

A3   Etes-vous pour ou contre les emplois créés pour lutter contre le chômage?
Divers gouvernements, dont celui des Pays-Bas et de la France, accordent des subventions pour créer des postes temporaires destinés aux chômeurs, afin de les aider à trouver plus facilement une place sur le marché du travail. Ainsi, certaines villes néerlandaises connaissent les 'stadswachten', sorte de policiers

sans armes, et les contrôleurs des tramways; la France connaît les 'tucs' ou 'tucistes' (ceux chargés d'un Travail d'Utilité Collective), qui travaillent par exemple dans les hôpitaux, ou dans le métro, où ils poussent les passagers à la fermeture des portes pendant les heures de pointe. Ecrivez un texte dans lequel vous pesez le pour et le contre de ce genre de postes, tout en prenant position vous-même. Demandez-vous par exemple si vous aimeriez faire ce genre de travail au cas où vous ne trouveriez pas tout de suite un emploi après vos études.

Vous pourrez vous servir par exemple des termes suivants: formation, expérience professionnelle, rester chez soi, artificiel, inciter à l'activité, insertion sur le marché du travail, allocations, risque de disparition d'emplois fixes. (2 pages)

affaires

B   Création d'une entreprise

Vous allez créer une entreprise. Pour pouvoir réunir les fonds nécessaires, il vous faut un projet écrit. Esquissez une image de l'entreprise que vous voulez créer en décrivant entre autres le produit que vous proposerez, le marché de ce produit (le 'créneau'), le lieu d'implantation, la structure de l'entreprise (p.e. combien de personnes? Quelles seront leurs tâches?), comment se fera le financement, la publicité que vous ferez pour vous faire connaître, etc. N'oubliez pas que l'entreprise a plus de chances de réussir si vous choisissez une entreprise adaptée à vos compétences et qualités. Essayez d'être réaliste pour convaincre ceux qui vont peut-être vous financer! (1 à 2 pages)

12 *La vérité sort de la bouche des enfants*

LMQF 27   *la vie intellectuelle*

N-F 12.1 Literatuur is communicatie

1 **Men gaat ervan uit** dat iemand die spreekt, iets te zeggen heeft. Wat
de spreker zegt, heeft natuurlijk een zekere waarde, maar het is niet
per se noodzakelijk dat zijn boodschap altijd van het allergrootste
belang is. Soms zegt iemand alleen maar: 'Ik heb slecht geslapen
5 vannacht', of: '**Het ziet er naar uit**, dat het slecht weer zal worden,
je kunt beter een paraplu meenemen'. Maar als je helemaal niets
naar voren wilt brengen, zeg je niets, je zwijgt.

De schrijver uit zich niet alleen, hij schrijft bepaalde dingen ook
op. Hij vindt het nuttig zijn ideeën te verbreiden, hij publiceert zijn
10 geschriften, om de eenvoudige reden dat hij wil dat die gelezen
worden, bij voorkeur door iedereen. Zijn denkbeelden en opvattingen moeten natuurlijk relevant zijn, het onderwerp van zijn boek
moet tot de verbeelding spreken en de boodschap die hij aan de
lezer wil overbrengen, moet de nieuwsgierigheid prikkelen. En
15 inderdaad is dàt de manier waarop schrijvers meestal gelezen worden: men probeert vast te stellen of zij als schrijver 'iets te zeggen
hebben' en zo ja, wàt zij willen zeggen. Men probeert denkwijzen en
thema's te omschrijven, gevolgtrekkingen te formuleren die voort-
vloeien uit de redeneringen, verbanden met de sociale en culturele
20 werkelijkheid te ontdekken.

Het minste dat over het literaire werk kan worden gezegd is dat
het werk over iets gaat. **Toch moet men zeggen dat** het soms bijzonder moeilijk is aan te geven wat het onderwerp is, maar **of het
nu gaat om** een roman of over een bundel gedichten, er wordt altijd
25 iets gezegd. **Met** andere woorden, literatuur is allereerst communicatie.

Naar: P. de Martelaere, *Een verlangen naar ontroostbaarheid*

12.2 goed/beter/best

Je kunt beter een paraplu meenemen.

	Adjectif	Adverbe
goed	un bon choix	Il parle bien.
beter	un meilleur choix	Il parle mieux.
best	le meilleur choix	Il parle le mieux.

Attention:

C'est bon.	Dat is lekker. Dat is wel goed, laat maar zitten.
C'est bien.	Dat is goed, mooi, prima.

GP 4.1.3, 4.2.3
NPW beter, best
oef 2.3
ES 6.2, 17.3

1   Vous n'avez rien de (beters) à me proposer que cette vieille voiture?
2   (Beter) vaut tard que jamais.
3   Miam-miam, ça sent (goed, lekker) c'que t'as préparé!
4   Je me suis débrouillé tant (goed) que mal.
5   (Het beste) serait d'aller le voir tout de suite.
6   Mes (beste) vœux pour le nouvel an!
7   Ma sœur est (goed in) mathématiques, mais encore (beter in) chimie.
8   Il (is beter) passer la nuit ici et partir demain de bonne heure.
9   Je comprends maintenant que j' (had beter kunnen) me taire.
10 Tout est pour (het beste) dans (de beste) des mondes possibles *(Leibnitz)*.
11 Ne (kun je) pas (beter) demander à Paul s'il peut réparer ton vélo? C'est moins cher.
12 Il paraît qu'il a décidé de quitter l'université. Eh bien, (des te beter!)

12.3   Gaan

Men gaat ervan uit dat iemand die spreekt iets te zeggen heeft.
Waar gaat dat boek over?
Of het nu gaat om een gedicht of een roman, literatuur is altijd communicatie.

Attention: *gaan over* se traduit entre autres par la construction *il s'agit de* qui est toujours *impersonnelle*.

| Dit boek gaat over de liefde van een leraar voor zijn poes. | Dans ce livre, *il s'agit de* l'amour d'un professeur pour son chat. |

NPW gaan
oef 7.9, 9.3

1   'Maar daar gaat het helemaal niet om!', riep hij kwaad.
2   Zij gaat haar gang maar, ik bemoei me niet met wat me niet aangaat.
3   Gaan jullie met ons mee naar de film?
4   'Waar hebben jullie het over?' 'Dat gaat je niets aan'.
5   Nou, ik ga. Ik moet nog alle boodschappen voor het weekend doen.
6   Kun jij even bij Claire langs gaan en vragen of ze zin heeft vanavond een pilsje te komen drinken?
7   Mijn collega heeft gehoord dat het niet zo goed met hem ging.
8   De nieuwe roman van Patrick Modiano gaat natuurlijk weer over zijn jeugd.
9   De telefoon gaat. Jaja, ik ga al, een ogenblik.

10 Wanneer we uitgaan van de laatste gegevens, is de situatie nog niet eens zo heel slecht.

11 Mijn ouders gaan altijd via Reims en Dijon als ze naar Zuid-Frankrijk gaan.

12 De boer heeft er de voorkeur aan gegeven zijn bedrijf te verkopen toen hij hoorde dat de nieuwe hogesnelheidslijn vlak voor zijn boerderij langs zou gaan.

12.4 Manière/façon

Dit is de manier waarop schrijvers gelezen worden.

NPW manier

1 Il faut que tu t'y prennes – (op een andere manier).

2 – (De manier waarop) ma fille se comporte ces derniers temps, ne me plaît pas trop.

3 Pierre essaye toujours – (op alle mogelijke manieren) de se soustraire à ses obligations professionnelles.

4 Fais-le – (op zo'n manier dat) personne ne s'en aperçoive.

5 – (Op de een of andere manier) mon chat a su s'évader de la maison.

6 Faites les autres exercices – (op dezelfde manier).

7 – (Op welke wijze) cela s'est-il produit?

8 Il ne faut pas prendre à la lettre ce qu'il vient de dire, c'est juste – (bij wijze van) parler.

9 N'en parlons plus, – (hoe dan ook) il est trop tard maintenant.

10 Il semble que Jacques Chirac ait accepté – (zonder meer) l'offre que Helmut Kohl lui a faite.

F-N 12.5 D'où venons-nous? Qui sommes-nous? Où allons-nous?

1 Voilà quelques-unes de ces questions philosophiques que se pose tout homme et auxquelles certains essayent de répondre, que ce soit sous forme de systèmes philosophiques, sous forme de pensées plus ou moins élaborées, ou même sous forme d'énoncés humoris-

5 tiques. **Ainsi celui de** Pierre Dac qui répond aux trois questions posées dans le titre: *Je viens de chez moi. Je suis moi. Je retourne chez moi.*

On dira que le philosophe **en sait plus long** que le commun des mortels sur ces questions. **Reste à se demander si** en savoir beau-

10 coup plus long est connaître toute la réponse. Or, on ne connaît toute la réponse que quand il n'y a plus de questions. Cela n'arrive jamais, car toute réponse soulève de nouvelles questions, sans parler du fait que toutes les réponses s'opposent les unes aux autres et qu'il n'y a personne pour trancher absolument.

15 Il n'est pas étonnant dans ces conditions que beaucoup de penseurs, qui sont pourtant reconnus comme 'philosophes' dans l'enseignement universitaire, ne tiennent pas la philosophie en haute estime. Ainsi Pascal, l'auteur célèbre des *Pensées* dit ceci: *Se moquer de la philosophie, c'est vraiment philosopher.* Ou encore Voltaire qui dit:

20 *Quand un homme parle à un autre homme qui ne le comprend pas et quand le premier qui parle ne comprend plus, c'est de la philosophie!* Tout cela pour dire qu'au fond est philosophe **quiconque** réfléchit, se pose de grandes et graves questions, essaie de penser par soi-même tout en écoutant ce que d'autres disent et pensent. Le simple bon

25 sens ne s'y est pas trompé, et donne le nom de philosophe à celui dont il reconnaît la sagesse. Il n'en est pas moins vrai que ce bon sens voit aussi dans le philosophe un coupeur de cheveux en quatre.

Et pourtant, malgré le jargon spécialisé et parfois incompréhen-

30 sible, la philosophie n'est-elle pas essentiellement cet *amour de la sagesse* dont parle le vieux Pythagore?

D'après: *Philo de base*

12.6 Voici/voilà

Voilà quelques-unes de ces questions que se pose tout homme.

Ne traduisez jamais *voici, voilà* par: *zie hier, zie daar.*

| Tiens, voici l'arbre dont je t'ai parlé. | Kijk, hier staat de boom waarover ik het had. |

Souvent *voilà* a une valeur démonstrative.

| Voilà le poème que je préfère. | Dat is het gedicht waar ik het meest van houd. |

Voilà peut aussi servir de mise en relief.

| Voilà ce que je voudrais faire. | Dàt wil ik graag doen. |
| Voilà un mois que je ne l'ai pas vu. | Ik heb hem al een maand niet gezien. |

---

oef 11.9

1 Voici ce qui est arrivé: une vache a mis au monde un veau sans queue.

2 'Je me suis battu avec un copain, voilà ce qui s'est passé', dit petit Pierre.

3 Salut les copains, me voici! Ah, la voilà, enfin!

4 J'ai terminé ma traduction, Madame, la voilà.

5 Voilà deux bonnes semaines que j'attends sa réponse.

6 (*chanson*) 'Voici venu le mois où les feuilles volent au vent'.

7 L'affaire dont je voudrais vous parler immédiatement, la voici: je vous aime.

8 Voici comment il faut s'y prendre: lisez attentivement le texte, soulignez les mots clefs et rédigez le résumé.

9 Claire lui a tout simplement demandé de faire moins de bruit, voilà tout.

10 Tu en veux encore, des mandarines? En voilà.

12.7 Elkaar

Toutes les réponses s'opposent les unes aux autres.

Avec certains verbes, *se* peut signifier *zich* ou *elkaar*.

Ze wassen zich.	Ils se lavent.
Ze hebben elkaar aangekeken.	Ils se sont regardés.

S'il y a confusion, on se sert entre autres de *l'un l'autre* (*les uns les autres, les uns aux autres* etc.) pour marquer la réciprocité.

Ze stellen zich vragen.	Ils se posent des questions.
Ze stellen elkaar vragen.	Ils se posent des questions les uns aux autres.

GP 19.2+3
NPW obs gr V
oef 3.7
ES 7.1.12

1 Zij hebben elkaar verscheidene keren geschreven.
2 Bij het ontbijt waren ze al boos op elkaar.
3 De kleine poesjes wassen elkaar.
4 We zien elkaar niet meer zo vaak, de laatste tijd.
5 Gaan we naast elkaar zitten of tegenover elkaar?
6 Pierre en Claire hebben elkaar beloofd dat ze nooit meer zonder elkaar op vakantie gaan.
7 Met Sint-Nicolaas geven we cadeautjes aan elkaar.
8 Hoe zit die machine in elkaar?
9 Hélène en Florence zijn het zelden met elkaar eens, maar toch kunnen ze prima met elkaar opschieten.
10 Jammer genoeg heb ik het niet op tijd voor elkaar gekregen.
11 Dus we zien elkaar om vijf uur in café De Jaren, goed?
12 Tot de achttiende eeuw hebben deze twee provincies voortdurend tegen elkaar gevochten.

N-F 12.8 Filosofie voor kinderen

1 Wie we ook zijn en wat we ook doen, filosofie vormt een wezenlijk onderdeel van ons leven. Filosoferen is echter niet alleen een activiteit voor volwassenen. 'Ook kinderen kunnen echte filosofen zijn', meent Thecla Rondhuis. Zij beschouwt zichzelf als 'kinderfilosofe'
5 en ze heeft vier televisieprogramma's gemaakt, getiteld *Ik dacht bij*

mezelf. Kinderen hebben volgens haar de neiging filosofische vragen te stellen. 'Vooral op de basisschool hebben ze nog belangstelling voor de werkelijkheid, de verwondering is bij kinderen nog oprecht. Ouders zijn te snel geneigd de vragen die hun kinderen stel-
10 len, te beantwoorden met 'Daarom!'. De serie uitzendingen en het boek dat ik heb geschreven (*Filosoferen met kinderen*, uitgeverij Lemniscaat, 1994) laten ouders zien hoe ze met kinderen min of meer wijsgerige gesprekken kunnen hebben.'

Tijdens het programma discussiëren tien kinderen tussen de 10
15 en 12 jaar, afkomstig uit verschillende milieus, over verschillende onderwerpen. '**Zo'n** heterogene groep is ideaal, omdat filosofie daar ontstaat, waar verschillende culturen met elkaar in contact komen,' zegt Rondhuis. Vanaf het begin wordt onderstreept dat alle opmerkingen interessant kunnen zijn. Het doel is, al filosoferend,
20 gezamenlijk iets nieuws te bereiken. Op school zijn de kinderen **heel iets anders** gewend. De vrijheid die ze hebben bij het uitwerken van hun eigen ideeën is dan ook een ontdekking voor ze.

Het eerste gesprek gaat over de volgende antropologische vraag: 'Wat is het verschil tussen mensen en apen?' Drie kinderen uit de
25 groep bezochten de dierentuin om daar dit thema te bestuderen. Tijdens het tweede gesprek behandelen de kinderen de tegenstelling tussen het goede en het kwade, en het derde gaat over de vraag of vriendschap mogelijk is, tussen mens en dier maar ook tussen mensen. In het laatste programma tenslotte discussiëren de kinderen
30 met twee 'echte' filosofen over wat 'werkelijk' is en wat dat niet is.

'De kinderen leren zo zelfstandig[1] te denken,' zegt Rondhuis. 'Mijn dochter is gek op paarden. 'Kun je me uitleggen wat nu eigenlijk een paard is?', vroeg ik haar eens, 'een beest **met** vier benen?' Uiteindelijk kwam ze tot de conclusie dat 'wat poept als een paard
35 een paard is'. Dat is nu wat ik zou noemen 'zelf een gedachte ontwikkelen''.

Naar: *Filosofie Magazine*

---

[1] zelfstandig – par eux-mêmes

12.9 Zo/zo'n

De kinderen leren zo zelfstandig te denken.
Zo'n heterogene groep is ideaal.

NPW zo 1 Zoiets vergeet je je hele leven niet meer.
2 Je doet zomaar wat, hè?
3 Het was zo'n idioot gesprek!
4 Heb je ooit zoiets raars gezien?
5 Er zijn er zo'n twee miljoen van verkocht.
6 Op zo'n moeilijke vraag wist hij geen antwoord te geven.

7   Claire was zo woedend, dat ze opstond en wegliep.
8   Heb jij net zo'n dorst als ik?
9   Vrouwen zoals zij kom je niet zo vaak tegen.
10 Ik heb het hem zo vaak uitgelegd, maar hij snapt er nog steeds niets van.

12.10   Wie ook/wat ook etc.

Wie we ook zijn en wat we ook doen, filosofie vormt een wezenlijk deel van ons leven.

Wie ... ook se traduit par: *qui que ce soit qui* / *qui que ce soit que* + subjonctif.
Wie ... ook + *être* se traduit par: *qui que* + subjonctif.

Wie er ook belt, zeg maar dat ik er niet ben. (wie = sujet)	Qui que ce soit qui téléphone (subjonctif), dis-lui que je ne suis pas là
Wie je ook ziet, zeg niet dat ik er niet ben.(wie = objet direct)	Qui que ce soit que tu voies (subjonctif), ne dis pas que je suis absent.

Dans la langue parlée, on emploie généralement: *peu importe qui*.

Wat ... ook se traduit par: *quoi que ce soit qui* / *quoi que*

Wat zijn woede ook heeft veroorzaakt, we moeten een oplossing vinden. (wat = sujet)	Quoi que ce soit qui ait causé sa colère, il faut trouver une solution.
Wat je ook ziet, zeg het tegen niemand. (wat = sujet)	Quoi que tu voies (subjonctif), ne le dis à personne.

Dans la langue parlée, on emploie généralement: *peu importe ce qui / ce que*.

GP 24.4.5
NPW obs gr
IX C
ES 22.4.2

1   (Wat jullie ook zeggen), je ne me déciderai pas avant le 15 mai.
2   (Wat je ook tegen haar zegt), ma mère ne veut pas déménager.
3   (Wat voor fiets je ook koopt), tu verras que c'est toujours un vrai plaisir de faire des ballades en vélo.
4   (Waar u ook bent), en mer ou sur terre, lisez ce roman, et taisez-vous.
5   Nous doutons que Claire soit la personne idéale pour ce poste, (hoe intelligent ze ook is).
6   (Welke gedichtenbundel jullie ook lezen), vous y trouverez toujours deux ou trois vers qui resteront pour vous éternels.
7   (Welke maatregelen de regering ook neemt), il est évident que cela coûtera cher.
8   (Wie je ook bent of wat je ook doet), rappelle-toi toujours que tu vis dans une société avec d'autres hommes.

12.11 Ordre des mots

'Kun je me uitleggen wat een paard is?' vroeg ik haar.

– Dans la proposition citative, c'est-à-dire une proposition comportant un verbe déclaratif et accompagnant la citation, l'inversion est *obligatoire* si la citation ou une partie de la citation précède.

'Dat is het goede antwoord', zei de leraar.	'C'est la bonne réponse', a dit le professeur.
'Het is mooi weer', riep ze.	'Il fait beau', cria-t-elle.

– Dans la phrase interrogative, l'inversion est fréquente, si la phrase commence par un mot interrogatif, comme *pourquoi, combien, comment*.

Hoeveel heeft u vandaag verdiend?	Combien avez-vous gagné aujourd'hui?
Waarom heb je niets gezegd?	Pourquoi n'as-tu rien dit?

Attention: après *si* et *pourquoi* dans une question indirecte, on utilise l'ordre normal des mots.

Ik vraag me af of de jongen die absent was zijn werk gedaan heeft.	Je me demande si le garçon qui était absent a fait son travail.
Begrijp jij waarom de jongen die te laat was, weer naar huis is gegaan?	Comprends-tu pourquoi le garçon qui était en retard est rentré chez lui?

Choisissez la phrase correcte:

GP 29.1.1.2, 28.2.3, 28.3 ES 18.1.1+2+3

1 A 'Quand est-ce qu'on va à la plage, papa?', elle demande.
   B 'Quand est-ce qu'on va à la plage, papa?', demande-t-elle.

2 A 'Quoi?', s'écria-t-elle en l'interrompant, 'Qu'est-ce que tu dis là?'
   B 'Quoi?', elle s'écria en l'interrompant, 'Qu'est-ce que tu dis là?'

3 A 'Mais je fais semblant de pleurer', le clown a-t-il dit au petit garçon.
   B 'Mais je fais semblant de pleurer', le clown a dit au petit garçon.
   C 'Mais je fais semblant de pleurer', a dit le clown au petit garçon.

4 A 'Soyez certain', a-t-il ajouté l'éditeur, 'que personne ne lira jamais votre thèse'.

   B 'Soyez certain', l'éditeur a ajouté, 'que personne ne lira jamais votre thèse'.

   C 'Soyez certain', a ajouté l'éditeur, 'que personne ne lira jamais votre thèse'.

5 A 'Va-t'en!' lui a dit sa soeur, 'Va-t'en tout de suite!'

   B 'Va-t'en!' sa soeur lui a dit, 'Va-t'en tout de suite!'

   C 'Va-t'en!' sa soeur lui a-t-elle dit, 'Va-t'en tout de suite!'

   D 'Va-t'en!' lui a-t-elle dit sa soeur, 'Va-t'en tout de suite!'

6 A Pourquoi en fait aiment les gens davantage le hareng saur?

   B Pourquoi en fait les gens aiment davantage le hareng saur?

   C Pourquoi en fait les gens aiment-ils davantage le hareng saur?

   D Pourquoi en fait aiment-ils les gens davantage le hareng saur?

7 A Je voudrais savoir si le concert commencera-t-il à huit heures.

   B Je voudrais savoir si le concert commencera à huit heures.

   C Je voudrais savoir si commencera le concert à huit heures.

8 A Dis-moi ce que l'élève a répondu qu'on a vu copier sur sa voisine.

   B Dis-moi ce qu'a répondu l'élève qu'on a vu copier sur sa voisine.

   C Dis-moi ce qu'il, l'élève qu'on a vu copier sur sa voisine, a répondu.

F-N 12.12 Proust

2

1 Proust est le grand écrivain français du XXe siècle: 'Il **domine** l'histoire du roman français au XXe siècle', juge le *Petit Larousse*. Et Jean-Yves Tadié, **proustien**, n'hésite même pas à commencer ainsi sa monographie: 'Marcel Proust est le plus grand écrivain de toute la
5 littérature moderne.' Le traducteur allemand de cet ouvrage a d'ailleurs nuancé ce propos en y ajoutant l'adverbe 'peut-être'.

Proust comme le géant de la littérature française, est une conception relativement nouvelle. Alors que les autres littératures européennes ont, elles, un génie 'universel', un Dante, un Shake-
10 speare, un Cervantes et un Goethe, les manuels de littérature française avaient l'habitude de souligner que l'histoire de la littérature française se caractérise par des écoles, des mouvements et des groupes. Le classicisme par exemple n'est pas important grâce à un seul auteur, mais parce qu'il comprend Racine, Corneille et Molière, et
15 n'oublions pas La Fontaine, La Bruyère et La Rochefoucauld. Aucun d'eux n'incarne à lui seul l'essence de la littérature française, mais

c'est tous ensemble qu'ils représentent la littérature du XVIIe siècle. Les historiens littéraires ont sans doute ainsi pu accepter de ne pas avoir de Dante, ni de Shakespeare. Quoi qu'il en soit, les manuels
20 renoncent aujourd'hui au cliché qu'il faut **prendre** la littérature française **en bloc**.

Depuis que l'oeuvre de Proust est tombée dans le domaine public en 1987, les éditions de *A la Recherche du temps perdu* se sont multipliées sans apparemment que le marché ne se sature. Ce phé-
25 nomène ne se limite pas à la France puisqu'il y a maintenant trois traductions italiennes disponibles, qu'une nouvelle traduction anglaise est en cours ainsi qu'une traduction intégrale en chinois, dont le premier tome vient de paraître.

Or, Proust n'a pas toujours, loin de là, eu cette position privilé-
30 giée parmi les grands écrivains. Hugo connaissait une notoriété extraordinaire de son vivant: la rue où il habitait s'appelait déjà rue Victor-Hugo.... Pour Proust en revanche, mort en 1922 à cinquante et un ans seulement, la gloire est venue beaucoup plus tard. Cela soulève la question de savoir comment et pourquoi Proust, d'abord
35 marginal par son origine juive, son snobisme et son homosexualité, a pu conquérir cette place si centrale qu'il représente pour nous à lui seul toute la littérature française.

D'après: *Lieux de mémoire*

12.13   Cultures vice versa

Néerlandais et Français: le grand malentendu? Une approche culturelle

L'opposition si souvent répétée entre les Français doués d'un sentiment national fort (et pour cette raison si vite taxés de chauvinisme) et les Néerlandais qui en seraient dépourvus, me paraît tout à fait fausse. Les Néerlandais possèdent à l'évidence un sentiment aigu de leur identité: simplement, il est différent.

En France, le système éducatif créé au XIXe siècle mettait l'accent sur la langue nationale, la littérature ou l'histoire, le maniement des idées. L'enseignement néerlandais fit d'autres choix: selon un article récent, 'l'organisation de l'enseignement secondaire privilégiait les langues modernes', au détriment de la langue et de l'histoire nationales. L'attitude vis-à-vis de la langue maternelle est en effet un terrain d'opposition spectaculaire entre les deux pays. Les Français ont tendance à projeter sur leur langue toutes sortes de valeurs intellectuelles: elle serait un instrument de connaissances universel, le véhicule idéal de certaines idées. C'est pourquoi jusqu'à une époque récente, les Français trouvaient naturel de propager leur langue hors de leur pays, par exemple dans leurs colonies. A l'inverse, les Néerlandais n'ont jamais fait le moindre effort pour exporter leur langue nationale, bien qu'ils aient pris pied un peu partout dans le monde. Ils n'en sont pas moins attachés à leur langue, et ne la considèrent pas moins comme une composante de leur identité. Seulement, elle est moins un absolu et plus un instrument. Le système éducatif explique aussi, sans doute, le statut différent de la littérature dans les deux pays. Qu'ils les aient vraiment lus ou non, les Français sont élevés par l'école dans le respect des 'grands auteurs'. Aujourd'hui encore, écrivains et artistes en général jouissent d'un prestige qui leur permet d'intervenir dans les grands débats de société. On ne remarque dans la société néerlandaise aucun phénomène comparable. Pourtant la littérature y est bien vivante, et le Néerlandais lit en moyenne plus que le Français. Mais il n'est pas de règle qu'un écrivain intervienne dans le débat public. Cette place beaucoup plus modeste de l'écrivain dans la société et dans la définition de la culture nationale explique sans doute aussi pourquoi, jusqu'à une époque assez récente, les Néerlandais n'éprouvaient pas le besoin de faire traduire et connaître leurs écrivains à l'étranger.

A l'inverse, les Néerlandais se reconnaissent dans un certain nombre d'activités ou de formes de vie sociale, dont ils tirent une évidente fierté, alors qu'il s'agit justement de domaines où les Français sont peu sûrs d'eux-mêmes. Ainsi les Néerlandais du vingtième siècle finissant sont fiers de leur organisation sociale et y placent une part non négligeable de leur identité. Pour aborder les grands problèmes de société, ils ont développé des solutions bien à eux, souvent basées sur la cohabitation des contraires: interdire et tolérer à la fois une même activité, le commerce de la drogue par exemple. Le mot 'gedoogbeleid' n'a pas de traduction en français. En ce moment où les Néerlandais craignent -à tort ou à raison- que l'Union Européenne ne les oblige à abandonner leurs solutions spécifiques sous prétexte d'uniformisation, on s'aperçoit à quel point la société qu'ils ont faite est à leurs yeux dépositaire de leur identité. On comprend alors la violence de leur réaction lorsqu'un pays voisin tente de les faire changer de politique. Ils n'avaient pas l'habitude d'en rendre compte à l'extérieur, considérant qu'à moins d'une invasion militaire, nul ne pouvait les empêcher d'être maître chez eux.

Philippe Noble, dans: *En route*

Philippe Noble mentionne dans son texte le mot gedoogbeleid, dont il dit qu'il n'existe pas de traduction en français. Essayez de trouver d'autres mots néerlandais qui sont réputés être intraduisibles; dites ce que ces mots signifient à peu près.

Que pensez-vous plus généralement parlant des préjugés concernant les différences culturelles qui existent entre les Français et les Néerlandais?

12.14 Ecrivez

A1 Critique d'un livre

Ecrivez la critique d'un livre que vous avez lu ces derniers temps. Qu'il s'agisse d'un livre que vous avez lu pour un cours ou non, qu'il s'agisse d'une oeuvre de fiction ou non, peu importe. Donnez des renseignements sur le livre (par exemple le contenu, l'auteur et ses publications, le genre, le public), mais prononcez-vous aussi sur ses qualités: s'agit-il d'un livre réussi selon vous, quelles sont vos remarques critiques? Votre critique sera publiée par un journal national, dans l'édition du vendredi: essayez d'intéresser vos lecteurs par votre description du livre, par votre jugement et/ou par votre style! (2 pages)

A2 Critique d'une émission

Regardez un programme de la chaîne internationale de télévision francophone TV5. Renseignez-vous d'avance sur les émissions proposées pour mieux pouvoir choisir. Vous pourrez aussi regarder le journal télévisé français qui dure à peu près 45 minutes. Prenez des notes en regardant l'émission. Ecrivez ensuite une critique du programme, dans laquelle vous décrirez le contenu de l'émission et où vous donnerez votre avis motivé sur la qualité du programme, éventuellement en le comparant à un programme analogue de la télévision néerlandaise (1 à 2 pages).

affaires

B U werkt bij een culturele instelling en moet een lezingenavond organiseren. Tijdens deze avond zullen drie Nederlandse schrijvers iets vertellen over hun werk. U maakt voor uw directeur een opzet van het programma van die avond en een globale berekening van de kosten. In uw voorstel (1 à 2 blz.) komen de volgende zaken aan de orde:
  - het thema van de avond en waarom u gekozen heeft voor dit onderwerp (doelgroep)
  - de namen van de schrijvers, een zeer korte beschrijving van hun werk, en waarom zij passen in het kader van de avond
  - het programma (tijden , pauze, rol voorzitter, discussie)
  - hoe en door wie de schrijvers ontvangen worden en waar ze worden ondergebracht (hotel – ze blijven één nacht)
  - een voorlopige, korte begroting van de avond (kosten zaalhuur en -personeel, verblijfkosten en honorarium van de schrijvers, aantal bezoekers, verwachte opbrengst van de avond et cetera)

Textes supplémentaires avec commentaires sur disquette

Tekst 1   Schrijvers van woordenboeken

1   Als auteurs of uitgevers van woordenboeken en encyclopedieën de regels van objectiviteit en neutraliteit niet in acht nemen, worden ze vaak streng gestraft.

De 'Dictionnaire Infernal' (1844) van J. Collin de Plancy bevat
5   woorden en namen die betrekking hebben op duivels, geesten en allerlei vormen van zwarte en witte magie. In oorsprong was het een zeer anti-kerkelijk boek en daarom werd het op de Index geplaatst. Maar de Plancy kreeg berouw. Zoals blijkt uit één van zijn brieven, zag hij het ware licht, toen hij in Nederland verbleef. Zijn
10   bekering tot het katholicisme vond plaats in Culemborg, waar hij zich tot de overste van de jezuïeten had gewend. Als penitentie moest hij alle overgebleven exemplaren van het gewraakte woordenboek vernietigen en het voor een heruitgave herschrijven in de roomse geest.

15   In 1680 verscheen Pierre Richelets 'Dictionnaire françois'. Daarmee wilde hij de Franse Academie de les lezen, want die luilakken broedden al tientallen jaren op een definitief woordenboek. Richelet en een aantal geletterde vrienden, allen vrijdenkers, schreven daarentegen hun woordenboek in zestien maanden. Bovendien
20   bevatten de uitleg en de voorbeelden talloze kritische toespelingen. Zo werd het woord 'Normandiër' door Richelet omschreven als 'inwoner van een van de rijkste provincies van Frankrijk, waar, na de Dauphiné, de grootste schelmen en schoften van het land wonen'. Bij 'vergaren' luidde het: 'Chapelain (één van de toenmali-
25   ge leden van de Franse Academie) heeft zich zijn hele leven lang toegelegd op het vergaren van rijkdommen'.

Het is niet verwonderlijk dat het boek onmiddellijk na het verschijnen verboden werd. Het boek werd in Genève gedrukt, bij uitgever Widerhold, want het privilege voor het uitgeven van een
30   woordenboek van de Franse taal berustte bij de Academie. Vijftienhonderd exemplaren werden in vaten clandestien naar Parijs gebracht en afgeleverd bij boekhandelaar Simon Bernard. Die werd echter bang en verried de boel. De boeken werden in beslag genomen en verbrand. Widerhold, geruïneerd, stierf van verdriet en
35   één dag na zijn dood werd Bernard door een vriend van Widerhold doodgestoken.

Naar: *De Volkskrant*

Tekst 2 Slachtoffers van uiterst rechts

1 Furieus was de burgemeestersvrouw in Clichy-sous-Bois. Voor de camera's van de televisie verscheurde zij haar lidmaatschapskaart van de partij. Voor een trouwe communiste als zij was dat moment vooral verscheurend in de figuurlijke zin. Na een kwart eeuw was

5 haar man, burgemeester Antoine Deschamps, onttroond door zijn eigen kameraden vanwege zijn vermeend racisme. 'Hij heeft ons vertrouwen beschaamd', zeiden ze één voor één tijdens de gemeenteraadsvergadering. En dat allemaal door een artikel in Libération, waarin hij zwarten en arabieren vergeleek met 'hyena's die in de

10 trappenhuizen rondsluipen en arme vrouwtjes achternazitten in plaats van te werken'. 'Als ze niets anders te doen hebben, dan moeten ze terug naar hun land', had hij er aan toegevoegd in een laatste poging om te voorkomen dat het Front National de overwinning zou behalen in zijn gemeente.

15 De gebeurtenis in Clichy is in zekere zin kenmerkend voor de politieke situatie in Frankrijk. Bij alle verkiezingen blijkt de partij van Jean-Marie Le Pen steeds meer stemmen te winnen. Bovendien bepaalt het Front National steeds weer het thema van de campagnes: de dreiging van de Arabische en Afrikaanse immigranten. Een

20 steeds groter publiek stemt in met de slogan van Le Pen 'Les Français d'abord'.

De communist Deschamps was het zoveelste slachtoffer van het succes van extreem rechts. Zijn racisme hielp niet. Zoals Le Pen het zelf uitdrukte: 'De kiezers hebben liever het origineel dan een

25 kopie'.

De invloed van het Front National is overal merkbaar. Geen enkele partij kan of wil zich eraan onttrekken. Zo waren ook de socialisten in Clichy bereid met de communisten een lijstverbinding aan te gaan. Electorale taktiek is belangrijker dan morele principes.

30 De rechtse partijen willen niet praten over racisme om de Fransen geen schuldcomplex op te dringen. Volgens hen moet de discussie gaan over de oorzaak: de immigratie. Regering en oppositie zijn het er weliswaar over eens dat er in Frankrijk geen plaats meer is voor nieuwe immigranten, dat integratie belangrijk is en dat

35 de derdewereldlanden geholpen moeten worden zodat de burgers het land niet verlaten. Maar in de praktijk is Le Pen een bron van inspiratie.

Naar: *De Volkskrant*

Tekst 3 Madame de Pompadour

1   Waarschijnlijk is Lodewijk XV de meest luie vorst die ooit over Frankrijk heeft geregeerd. Hij hield zich zo weinig mogelijk met staatszaken bezig en probeerde altijd zich te onttrekken aan zijn verplichtingen.

5   Slechts twee zaken wekten zijn geestdrift: de jacht en de liefde. Historici hebben berekend dat hij gemiddeld 210 herten per jaar schoot. Van zijn maîtresses is de lijst nog onvoltooid.

Daar alle dochters van markies de Nesle kort na elkaar stierven, had Lodewijk geen bedgenote meer. Hij organiseerde toen een groot

10   feest. Alle schonen van Parijs maakten zich op voor de auditie, maar het was Jeanne die de 'hoofdprijs' in de vorm van de jonge koning in de wacht sleepte. Zo begon de bliksemcarrière van Jeanne-Antoinette Poisson, de nieuwe 'maîtresse en titre' van de koning, die later markiezin de Pompadour zou worden.

15   Uit de getuigenissen van haar tijdgenoten weten we dat haar debuut op Versailles bijzonder succesvol was. Al snel wist zij door haar organisatietalent het hof voor zich in te nemen. Haar feesten waren ongeëvenaard. Om niet zoals de meeste bijslapen de weg der vergetelheid te hoeven volgen, maakte Madame de Pompadour

20   zich onmisbaar als Lodewijks raadgeefster op het gebied van de politiek. Vijf jaar heeft ze actief het bed van de koning gedeeld, maar ruim twintig jaar was ze zijn 'confidente'. De politieke invloed van Madame de Pompadour was het rechtstreeks gevolg van Lodewijks desinteresse. Mede op haar aanraden ging Frankrijk een

25   bondgenootschap aan met Marie-Thérèse van Oostenrijk, hetgeen duur werd betaald gedurende de zevenjarige oorlog. De koning vertrouwde haar de benoeming toe van nogal wat ministers en militairen. Het resultaat was echter niet geweldig. De vele ministerwisselingen ondermijnden namelijk de politieke samenhang en door

30   ondeskundigheid verloor het leger een aantal veldslagen.

Hoewel de meeste historici een sympathiek beeld van Madame de Pompadour geven, haatte het Franse volk haar om haar kostbare hobby's. Na haar dood zijn twee notarissen ieder een jaar bezig geweest om haar bezittingen te inventariseren.

Naar: *NRC Handelsblad*

Tekst 4   Het 'Institut de France'

1   Tegenover het Louvre ligt aan de linkerzijde van de Seine het Institut de France. Het is sinds 1805 gevestigd in het voormalige Collège des Quatre Nations. Dezer dagen glanst het gebouw onder de bekende koepel ter gelegenheid van zijn tweehonderdjarig

5   bestaan. Het 'parlement van denkend Frankrijk' wil dat het publiek begrijpt wat het doet. Daarom zet deze club van 256 heren en 7 dames de deur even op een kier.

Het Institut bestaat eigenlijk uit verschillende academies die tijdens de Franse Revolutie samengebracht zijn. De Académie françai-

10   se was onder Lodewijk XIII in 1635 door kardinaal Richelieu opgericht. Colbert stelde tijdens de regering van Lodewijk XIV de meeste andere academies in; er zijn er vijf in totaal. De revolutionaire 'Convention' hief deze aristocratische academies in 1793 op, maar in 1795 werden ze heropgericht als de 'klassen' van het Institut de

15   France.

De academies zijn echter nauwelijks van karakter veranderd. Frankrijk heeft schijnbaar behoefte aan hoge instellingen waarin wetenschap en kunst elkaar ontmoeten en die zich onafhankelijk van de politiek uitspreken over wat dit volk verenigt: de liefde voor

20   zijn eigen cultuur, zijn taal en zijn ideeën. Het ergert de Fransen echter regelmatig dat de académiciens zo aanmatigend zijn en dit geeft vaak aanleiding tot spotternij.

De meest besproken herberg van Franse virtuositeit is de Académie française, de oudste en de meest prestigieuze van de vijf

25   academies. Deze waakt over de Franse taal en daarmee over de eenheid en het karakter van Frankrijk. De leden komen, buiten de vakanties, iedere donderdag in besloten zitting bijeen. Een commissie bereidt de onderwerpen voor waar de voltallige academie 's middags over discussieert. Sinds de oprichting is de opdracht

30   hetzelfde gebleven: regels vaststellen om de Franse taal zuiver en helder te maken. De academie waarborgt het niveau en de continuïteit van het Frans. In de eerste uitgave van het woordenboek van de Académie (1694) werden 17.000 woorden verklaard. In 1935 kwam de achtste editie uit. De negende is nu in voorbereiding. Het

35   eerste gedeelte (A tot M) is in 1992 verschenen.

Naar: *NRC Handelsblad*

Tekst 5   Het duel

1 In het begin was het duel vooral een zaak van edellieden. De edel-
man die tijdens zijn leven niemand had gedood was een uitzondering. 'On se tue pour rien', schrijft kardinaal Richelieu in zijn dagboek nadat zijn geliefde broer het onderspit heeft gedolven. Deze
5 was het gevecht aangegaan omdat Richelieu als kerkelijk hoog-
waardigheidsbekleder geen uitdaging mocht aannemen.

De keuze van de wapens lag in principe bij de beledigde partij.
In de zeventiende eeuw en in de eerste helft van de achttiende eeuw
duelleerde men meestal op de degen, een wapen dat deel uitmaak-
10 te van de normale stadskleding in die tijd.

Later deed het pistool zijn intrede. Omdat niemand graag het
risico liep dodelijk gewond te raken, kwam het nogal eens voor dat
de schutters hun tegenstanders misten, waarna men zich weer ver-
zoende. Geen van beide partijen leed in dat geval gezichtsverlies.

15 Al snel was duelleren niet langer een privilege van de adel, maar
begonnen ook burgers en soldaten hun ruzies op deze manier te
beslechten. Al was Napoleon Bonaparte van mening dat een goed
duellist een slecht soldaat was, toch gaven generaals hun mannen
soms wijn of sterke drank om het duelleren aan te wakkeren. De
20 aanleiding voor een duel, Richelieu schreef het al, was vaak een
futiliteit. Er is een periode geweest dat bijna iedere gelegenheid
werd aangegrepen om iemand tot een duel uit te dagen. Zo werd de
dichter Catulle Mendès zeer ernstig gewond in een duel na een ver-
hitte discussie over de vraag of Hamlet nu dik was geweest of niet.

25 Tegenwoordig is het schrijven van een vernietigende literaire
kritiek niet erg riskant. In het Frankrijk van de achttiende eeuw
daagde een aangevallen schrijver niet zelden de recensent uit tot
een duel. Tal van literatoren hebben om een dergelijke reden gedu-
elleerd, zoals Benjamin Constant bijvoorbeeld. Deze was slecht ter
30 been en moest strijd leveren vanuit een leunstoel.

Naar: *De Volkskrant*

Tekst 6   De 'Canard Enchaîné'

1 De raarste krant van Frankrijk is bijna de enige die winst maakt.
Met een oplage van ongeveer 500.000 exemplaren kan Le Canard
Enchaîné zich een soort soevereine onafhankelijkheid veroorloven
die zeldzaam is in de Franse pers.

5 Onlangs bestond het satirisch weekblad, dat uitsluitend door
mannen wordt gemaakt, tachtig jaar. In zijn eerste hoofdartikel op
10 september 1915, schreef de oprichter Maurice Maréchal dat zijn
lezers konden verwachten dat de krant de vrijheid zou nemen om
na diepgaand onderzoek alleen volslagen onjuiste berichten te
10 publiceren. Iedereen weet, schreef hij, dat de Franse pers, zonder
uitzondering, zijn lezers sinds het begin van de oorlog uitsluitend
juiste berichten levert. Het publiek heeft daar genoeg van. Het wil
fout nieuws. Dat zal het krijgen! Misselijk van alle oorlogspropa-
ganda in de Franse bladen tijdens de Eerste Wereldoorlog, hadden
15 Maréchal en zijn medestanders besloten geen enkele voorlichter
meer te raadplegen en op zoek te gaan naar de feiten. Of, als die er
niet waren, de officiële leugen aan de kaak te stellen.

Na vijf nummers werd de pacifist Maréchal opgeroepen voor de
militaire dienst en hield het blad op te bestaan. In 1916 kwam de
20 krant opnieuw uit. De 'staatscourant' van de gemiddelde Fransman
bleef sindsdien verschijnen zonder een beroep te hoeven doen op
subsidie.

Gedurende de vier oorlogsjaren werd de uitgave van het blad tij-
delijk gestaakt, maar vanaf de bevrijding in 1944 begon het de poli-
25 tiek weer te hekelen, wat altijd wat makkelijker was wanneer rechts
aan de macht was dan links. De verlossende komst van De Gaulle
redde de Canard van een gestage achteruitgang tijdens de Vierde
Republiek. De generaal was eindelijk een tegenstander van niveau.

Tijdens de eerste ambtsperiode van Mitterrand hadden veel
30 redacteuren er moeite mee de regering die zij zelf hadden gewenst
over de hekel te halen. Hoewel bekend was dat Mitterrand een rol
had gespeeld in de collaborerende regering van maarschalk Pétain,
werd bijvoorbeeld nooit onderzocht in welke mate hij hierin betrokken was.

35 Terwijl de Canard vroeger meer satirisch was, bedrijft de redactie tegenwoordig eerder onderzoeksjournalistiek.

Naar: *NRC Handelsblad*

Tekst 7   Marguerite Duras

1   Onlangs overleed in Parijs op 81-jarige leeftijd de Franse schrijfster
en cineaste Marguerite Duras. Ze zal de geschiedenis ingaan als een
van de grootste Franse auteurs van deze eeuw.

Duras werd in 1914 in Indo-China geboren. De herinneringen
5   aan haar geboorteland zouden een belangrijke rol spelen in haar
latere autobiografische oeuvre. Toen zij vier jaar was, verloor zij
haar vader. Haar moeder onderhield haar dochter en twee zoons
door als onderwijzeres in dorpen langs de Mekong te werken. Het
gezin kocht er een stuk land dat volkomen onbebouwbaar bleek,
10   omdat het ieder jaar onder water liep.

Op 15-jarige leeftijd begon Marguerite een onmogelijke verhou-
ding met een rijke Chinees. In 1932 ging Duras naar Parijs om te stu-
deren. Ze trouwde er met Robert Antelme en debuteerde als schrijfster in 1943 met *Les Impudents*. Haar echtgenoot werd gedeporteerd
15   naar Dachau, maar slaagde erin te ontsnappen, wat zij later aan-
grijpend zou beschrijven in *La Douleur*. Tijdens de oorlog werd zij
lid van de Communistische Partij, die zij begin jaren vijftig weer
verliet. Waarschijnlijk strookte het onorthodoxe karakter van haar
werk, waarin liefde de grote revolutionaire kracht was, niet met de
20   orde en de hiërarchie binnen de partij. In 1950 schreef Duras het eerste belangrijke boek over haar jeugd, *Un Barrage contre le Pacifique*.

Later werd zij wereldberoemd met *Hiroshima mon amour*, een
film van Alain Resnais, waarvoor zij het scenario had geschreven.
Tot 1980 zou zij zich voornamelijk wijden aan het schrijven van sce-
25   nario's en het maken van films.

Duras beschouwde het schrijven als de basis voor iedere artistieke creatie, of het nu ging om een boek, een toneelstuk of een film.
In een aantal van haar films probeerde ze dan ook het gesproken
woord een aparte rol te geven.

30   Na het succes van *L'amant* (1984) werd zij steeds vaker gesigna-
leerd in de media, waar zij zich voortdurend uitsprak over contro-
versiële kwesties die de publieke opinie bezighielden en waarin ze
altijd opkwam voor de 'underdog'. Door haar provocerende stel-
lingname werd ze door sommigen veracht en door anderen aan-
35   beden.

Naar: *NRC Handelsblad*

Tekst 8   Raymond Aron

1   In 1983 verschenen de *Mémoires* van Raymond Aron. Het boek is
een fascinerend verslag van een halve eeuw denken over politiek.
Aron beweert in zijn herinneringen dat luiheid de basis is geweest
van zijn enorme productie. Hij heeft nooit kunnen kiezen tussen
5   wetenschap en journalistiek. Aangestoken door het politieke virus
van zijn tijd, nam hij steeds weer het voorstel van een uitgever aan
om een boek over een actueel onderwerp te schrijven. Zo onttrok hij
zich aan de moeizame taak een wetenschappelijke studie te produ-
ceren.
10   Zijn lezers zullen het zeker niet betreuren dat hij vaak voorrang
gaf aan zijn journalistieke bezigheden. Aron gaf in zijn boeken blijk
van grote onafhankelijkheid door zijn minachting voor het snobisme van de Parijse intelligentsia en door zijn gebrek aan belangstelling voor de vraag of een opvatting 'links' of 'rechts' was. In 1957,
15   vijf jaar voordat Algerije onafhankelijk werd, wekte hij de woede
van rechts door te schrijven dat de Franse regering deze kolonie
moest opgeven. Twee jaar eerder echter had hij links beledigd met
de publicatie van *L'Opium des intellectuels*, een aanval op het
marxisme en zijn talrijke meelopers. Het marxistische idee dat de
20   geschiedenis een onvermijdelijke loop heeft, bepaald door de inter-
ne tegenstellingen van een tot ondergang gedoemd kapitalisme,
wees hij van de hand. Het was volgens Aron slechts het product van
een soort geloofsijver, geboren uit het verlangen naar een paradijs
op aarde.
25   Dit boek was op de eerste plaats een intellectuele afrekening met
Sartre. Hoewel zij klasgenoten geweest waren, brak hij met Sartre
toen deze na de oorlog begon te sympathiseren met de Sovjet-Unie.
In 1948, toen de Koude Oorlog nog maar nauwelijks was begonnen,
had Aron al duidelijk positie gekozen tegen deze grootmacht.
30   Aron had vaak gelijk, maar het heeft lang geduurd voor dat
erkend werd door een groter publiek. Links, dat lange tijd het intellectuele klimaat beheerste, ontdekte dat pas eind jaren zeventig.
Met zijn *Mémoires* (1983) kon Aron, die in datzelfde jaar zou overlij-
den, nog even van deze verandering profiteren.

Naar: *NRC Handelsblad*

Tekst 9   Georges Clémenceau

1   Georges Clémenceau stierf in 1929 op 88-jarige leeftijd. Als burgemeester van Montmartre had hij in 1871 het drama van de
Commune meegemaakt. Kort voor zijn sterven had hij als ambte-
loos burger nog het begin van de grote crisis beleefd. De Fransen
5   noemden de man die in 1917-1918 hun uitgeputte land naar de
overwinning voerde, liefdevol 'le Père la Victoire'.

Net als Churchill wist Clémenceau in de donkerste uren het volk
moed in te spreken. Hij was een gevreesd man, voor niemand bang
(hij duelleerde 47 keer). In de jaren tachtig gaf men hem de bijnaam
10   'tombeur de ministères'. Hij liet het ene na het andere kabinet vallen. Clémenceau moet dan ook verantwoordelijk worden gesteld
voor de politieke instabiliteit waaraan Frankrijk toen leed. Hij had
de neiging zijn talloze persoonlijke antipathieën te behandelen alsof
het om fundamentele principes zou gaan.

15   Na een aantal politieke nederlagen stortte hij zich in de journalistiek. De Dreyfus-affaire zou hem voor de vergetelheid behoeden.
Aanvankelijk geloofde de patriot Clémenceau dat Dreyfus schuldig
was. Maar al snel liet hij zich van het tegendeel overtuigen en publi-
ceerde in zijn krant, *L'Aurore*, Zola's open brief *J'accuse*.

20   Pas in 1906 kwam le Tigre[1] aan het hoofd van een regering te
staan. Bijna drie jaar heeft zijn regering zich staande weten te houden, een record in die tijd. Hij slaagde erin op sociaal gebied de rust
enigszins te herstellen. Minder geslaagd echter was zijn hervor-
mingsbeleid.

25   In 1916 begon hij, in zijn functie van voorzitter van de parle-
mentscommissie voor het leger, de loopgraven te bezoeken. De
staatsman verdiende allang zijn pensioen, hij was 74 en zijn gezondheid was slecht. De soldaten waren echter verzot op de oude man.
Terwijl de oorlog zich voortsleepte, werd de algehele ontevreden-
30   heid over de onmacht van de militaire leiders met de dag groter. In
de zomer van 1917 werd Clémenceau opnieuw premier, en minister
van oorlog. Zijn programma was simpel: 'Geen verraad. De oorlog.
Niets dan de oorlog. Het land zal weten dat het verdedigd wordt.'
De legende van le Père la Victoire was geboren.

Naar: *NRC Handelsblad*

---

[1] le Tigre: bijnaam van Clémenceau

Tekst 10 De gebroeders Edmond en Jules de Goncourt

1 Van de gebroeders Edmond en Jules de Goncourt lezen we eigenlijk alleen nog het dagboek dat zij sinds 1851 gezamenlijk bijhielden. Wie iets wil snappen van het Franse literaire leven in de tweede helft van de vorige eeuw, kan niet om dit boek heen. Bijna iedereen
5 die destijds iets te betekenen had in de letteren komt erin voor. Allen passeren de revue en vallen ten prooi aan een commentaar waarvan de vaak malicieuze vrijmoedigheid pas in 1956 ten volle zichtbaar werd, toen de Académie Goncourt eindelijk toestemming gaf de originele versie te publiceren.

10 In het voorwoord bij zijn laatste roman noemde Edmond het dagboek hun meest geliefde boek. Dat dit nu de rest van hun oeuvre overvleugeld heeft, lijkt dus geheel rechtvaardig. Het dagboek heeft echter ook gediend als notitieboek ter voorbereiding van hun romans. Als verklaarde 'realisten' documenteerden zij zich uitvoe-
15 rig alvorens met het schrijven te beginnen. Ook hun directe omgeving bleek een nuttige documentatiebron.

Zo is een van de romans gebaseerd op het treurige leven van hun eigen dienstmeisje. Na haar dood kwamen de broers erachter dat zij een dubbelleven had geleid vol uitspattingen. In het dagboek
20 omschrijft Jules deze ontdekking als de grootste schok van zijn leven en hij voegt eraan toe dat hij heel het vrouwelijke geslacht voortaan wantrouwt.

Ondanks de overdrijving toont deze passage een diepe ontgoocheling, die zich uitstrekt tot het politieke en maatschappelijke
25 leven van hun tijd. Het geld en de middelmaat regeren. Aan de top staan de oplichters die de macht hebben, beneden staat het volk dat dit stelletje profiteurs op een dag zal verslinden. Van vertrouwen in een betere wereld na dat bloedige banket is geen sprake. Daarvoor hebben de broers te weinig sympathie voor het 'canaille'.

30 Net als Balzac betreurden zij het dat de wereld van het Ancien Régime niet meer bestond. Een wereld met een libertijnse cultuur en met meer reële vrijheid dan de democratie ooit zou brengen. De Franse Revolutie, met haar eliminatie van het respect voor de maatschappelijke ongelijkheden, zagen zij slechts als de aanvang van
35 een regime van de afgunst.

Naar: *NRC Handelsblad*

Tekst 11 Papa!

1 Opeens liep zij naast mij, een meisje van een jaar of twintig, misschien wat ouder. Ik had haar nog nooit gezien. 'Heb je een gulden voor me?', vroeg ze.

Wanneer je in een grote stad woont, krijg je deze vraag een paar
5 keer in de week gesteld. Soms geef ik wat, soms geef ik niets. Dit keer zei ik 'nee' en liep door. Ik was haar bijna al weer vergeten, toen ik even verderop bemerkte dat zij er nog steeds was. Met gebogen hoofd, alsof zij het trottoir in de gaten moest houden, begon zij te vertellen dat al haar geld gestolen was en dat ze honger had.
10 'Luister', zei ik, 'ik geef je nu een tientje, als je belooft mij verder met rust te laten.' Ze knikte en incasseerde onbewogen het biljet. Ik draaide mij om en verwijderde mij. Ze bleef me volgen. Door plotseling de pas te versnellen, probeerde ik haar van mij af te schudden, maar tevergeefs.

15 Iedere keer wanneer ik omkeek, zag ik dat zij nog achter mij aanliep. Toen wij voorbij een koffieshop kwamen, schoot ik naar binnen. Aanvankelijk bleef zij voor de deur staan wachten, maar na een halve minuut kwam zij binnen en zette zich aan mijn tafeltje. 'Ga weg', zei ik. Ze keerde zich nu om naar de gasten aan de andere
20 tafeltjes en riep op luide toon: 'Deze man is mijn vader, hij wil mij geen geld geven, hij wil mij laten creperen!' De mensen begonnen mij verwijtend aan te kijken. 'Ik ben haar vader niet', riep ik nog. Maar dat had weinig zin, want om haar woorden te onderstrepen begon het meisje mij te omhelzen: 'Papa!' Tenslotte wist ik mij los te
25 rukken en rende het café uit. Al bijna anderhalf uur was ik haar gevangene. Bij een telefooncel aangekomen belde ik een vriend. Even later kwam hij mij met zijn auto verlossen.

Naar: *NRC Handelsblad*

Tekst 12   Geheimschrift

1   In 1506 bood de Duitse abt Trithemius keizer Maximiliaan van Oostenrijk zes boeken aan over geheimschrift met als titel *Polygraphia*. Hij had ze aan hem opgedragen om zich vrij te pleiten. Enige jaren daarvoor waren namelijk enkele andere boeken van de abt op de
5   Index geplaatst.

Abt Trithemius was in feite een cryptomaan[1]; zijn leven lang ontcijferde hij in zijn klooster codes en oude teksten en bedacht hij geheimschriften met ingewikkelde sleutels. Makkelijke sleutels verfoeide hij uiteraard. Een geheime boodschap over een hinderlaag
10   bijvoorbeeld ziet niemand graag door de tegenstander ontcijferd.

Er waren in die tijd vele grote cryptologen[2]. Zo verborg de Fransman Blaise de Vigenère zijn boodschappen in afbeeldingen van sterrenhemels en laurierbomen. Het is opvallend dat de cryptografie in de loop van de negentiende eeuw steeds specialistischer wordt, tot
15   er in de twintigste eeuw alleen nog maar sprake is van militaire codeermachines.

In de middeleeuwen interesseerden monniken zich nauwelijks voor cryptografie. Diplomatieke betrekkingen waren niet zodanig dat men er behoefte aan had. Wel maakte men ervan gebruik om
20   zijn handtekening te zetten – om interessant te doen misschien -, of om magische spreuken of alchemistische procédés onherkenbaar op te schrijven. Men gebruikte onder andere stippen in plaats van klinkers of de geheime codes van Julius Caesar en Augustus.

Hoewel deze gemakkelijk te kraken waren, werden ze in de vijf-
25   tiende en zestiende eeuw nog veel gebruikt. Maar het gekonkel tussen de steden en tussen de landen maakte steeds verfijndere codes noodzakelijk. Met name Italië en Spanje kenden de kunst van het geheimschrift tot in de finesses. Codebrekers, in dienst van vorsten, werden zeer gewaardeerd.

30   In de zeventiende eeuw echter waren er zwarte kamers. Deze 'cabinets noirs', de voorlopers van de Inlichtingendiensten, hielden zich de gehele dag bezig met het onderscheppen, kopiëren en ontcijferen van alle uit het buitenland komende post. Vanaf die tijd verschijnen er slechts zelden publicaties over het ontcijferen van ge-
35   heimschriften.

Naar: *NRC Handelsblad*

---

[1] cryptomaan: cryptomane
[2] cryptoloog: cryptologue

opSTAP. Minicursus Frans
M. van Willigen-Sinemus, m.m.v. J. van Baardewijk-Rességuier

Wie op stap gaat naar la douce France zal met deze minicursus uitstekend uit
de voeten kunnen, terwijl opSTAP voor wie kennis wil maken met de Franse taal
een uitnodigende opstap is. opSTAP leert u op eenvoudige en snelle wijze hoe u
in het Frans kennis maakt, boodschappen doet, een plaatsje op een camping
reserveert en een bezoek aan een dokter brengt. Deze cursus op zakformaat is
een uitkomst voor iedereen die niet onvoorbereid op reis wil gaan.
Door de geluidscassette is de uitspraak geen probleem. Met dialogen als
uitgangspunt, leert u het allernoodzakelijkste over de Franse grammatica,
uitspraak, werkwoorden en het vormen van zinnen. De woordenlijsten,
vertaaloefeningen en de sleutel daarvan completeren de cursus.
Deze cursus kan zelfstandig worden gedaan maar is ook heel geschikt voor de
verschillende vakantiecursussen zoals die worden gegeven aan bijvoorbeeld de
volksuniversiteiten.

237 pp. ƒ 39,50 met een cassette van 2 x 30 min.
isbn 90 6283 902 9

Onze boeken zijn verkrijgbaar via iedere boekhandel in Nederland en België.
Rechtstreeks bestellen kan door overmaking van het verschuldigde bedrag
+ ƒ 3,20 porto op giro 602060 van Uitgeverij Coutinho te Bussum o.v.v. het
gewenste.

Matériaux pour la traduction du néerlandais en français
J. van Baardewijk-Rességuier en M. van Willigen-Sinemus

Helaas bestaat er geen superformule die voorschrijft hoe iets van de ene in de andere taal vertaald moet worden, aangezien de context telkens verschilt. Toch zijn er vaak dezelfde, steeds terugkerende problemen, waarvoor wel een aantal duidelijke oplossingen kan worden geboden. Iedereen die met vertalingen uit het Nederlands in het Frans bezig is, vindt in dit boek een systematische uiteenzetting van enkele van de meest voorkomende standaardproblemen, zoals vertaling van de tijden van het werkwoord, de lijdende vorm, bepaling van gesteldheid, etcetera. De verschillende oplossingen vormen de bouwstenen die u op weg kunnen helpen naar een goede vertaling.

derde druk 224 pp. ƒ 39,50 isbn 90 6283 667 4

Matériaux supplémentaires pour la traduction du néerlandais en français
J. van Baardewijk-Rességuier en M. van Willigen-Sinemus

Dit tweede vertaalboek gaat in op nog meer standaardproblemen die zich kunnen voordoen bij het vertalen van Nederlandse teksten in het Frans. Was *Matériaux* meer gericht op het werkwoord, *Matériaux supplémentaires* richt zich vooral op de problemen rond de vertaling van het substantief zoals bijvoorbeeld het samengestelde naamwoord, het bijvoeglijk naamwoord en het lidwoord. Dit boek vult het andere deel uitstekend aan, beide boeken zijn echter gewoon los van elkaar te gebruiken.

214 pp. ƒ 39,50 isbn 90 6283 773 5

Onze boeken zijn verkrijgbaar via iedere boekhandel in Nederland en België. Rechtstreeks bestellen kan door overmaking van het verschuldigde bedrag + ƒ 3,20 porto op giro 602060 van Uitgeverij Coutinho te Bussum o.v.v. het gewenste.

Bouwstenen voor het begrijpen en vertalen van Franse teksten
    M. van Willigen-Sinemus en J. Fonderie

Tekstbegrip blijkt voor veel Nederlandstalige studenten Frans moeilijk, ondanks
dat zij vaak een redelijke kennis van de grammatica hebben.
Bouwstenen behandelt de meest voorkomende moeilijkheden aan de hand van
voorbeeldzinnen. Pas in tweede instantie wordt ook ingegaan op het vertalen
van de tekst.
De auteurs behandelen achtereenvolgens de woordvolgorde, voorzetsels,
werkwoorden, zelfstandige en bijvoeglijke naamwoorden, bijwoorden en
voegwoorden.
Tot slot komen enkele bijzondere onderwerpen aan de orde, zoals de vraag wat
de vertaler met woordspelingen aan moet, en de ontkenning als stijlmiddel.
De hoofdstukken zijn afzonderlijk te gebruiken, zowel in opleidingen als voor
zelfstudie.

153 pp. ƒ 29,50 isbn 90 6283 944 4

Meer bouwstenen voor het begrijpen en vertalen van Franse teksten
    M. van Willigen-Sinemus, M. Röselaers en J. Fonderie

Net als in *Bouwstenen voor het begrijpen en vertalen van Franse teksten* komen
in dit tweede deel de meest voorkomende moeilijkheden bij het vertalen van het
Frans naar het Nederlands aan de orde aan de hand van voorbeeldzinnen.
In *Bouwstenen* benadrukten de auteurs vooral het begrijpen van de tekst en
werd pas in tweede instantie ingegaan op het vertalen. In Meer bouwstenen
geven de auteurs óók aanwijzingen voor het vertalen van bepaalde constructies
en geven zij vertaalmogelijkheden en 'vertaalraad'. Aan de orde komen
algemene onderwerpen als het belang van de context voor het vertalen,
grammaticale onderwerpen zoals hoe je de werkwoordstijden in het
Nederlands weergeeft, idiomatische problemen (bijvoorbeeld de betekenis van
'même' of 'tant'), en stilistische vragen, denk aan metaforen en retorische
vraagzinnen. Als extraatje is toegevoegd een hoofdstuk over het gebruik van
leestekens.

290 pp. ƒ 39,50 isbn 90 6283 013 7

Onze boeken zijn verkrijgbaar via iedere boekhandel in Nederland en België.
Rechtstreeks bestellen kan door overmaking van het verschuldigde bedrag
+ ƒ 3,20 porto op giro 602060 van Uitgeverij Coutinho te Bussum o.v.v. het
gewenste.

Grammaire Plus
Praktische grammatica van het Frans
   B. Vlugter, P. Sleeman, E. Verheugd

In deze leergrammatica is de praktische grammatica van het Frans gegoten in
een systematisch overzicht. In tegenstelling tot andere grammatica's staat in
deze leerprogramma het praktisch nut voorop: dat wat vaak voorkomt en wat de
cursist onder de knie moet hebben om het Frans redelijk te kunnen spreken en
schrijven staat centraal.

Het praktisch nut van *Grammaire Plus* uit zich daarnaast in een zeer
uitgebreide behandeling van de regels, waardoor de cursist zich de stof
uitstekend eigen kan maken, en door de talloze voorbeelden. Dat wat de cursist
leest in de algemene regel, leest hij direct terug in `praktijkvoorbeelden'.
Zeer nadrukkelijk is bovendien rekening gehouden met cursisten die vanuit het
Nederlands denken. Elk hoofdstuk bevat vertaalaanwijzingen die de
Nederlandssprekende cursist helpt vertaalobstakels te vermijden.

Het boek is opgebouwd vanuit twee concentrische cirkels: bij de behandeling
van de stof kan worden uitgegaan van twee niveaus. Op het eerste niveau wordt
de grammaticale kennis die op de middelbare school is opgedaan expliciet en
systematisch aangeboden. Op het tweede niveau gaat het om 'verrijkingsstof'.
Een groot aantal voorbeelden, dwarsverbanden en herhalingen bevorderen op
beide niveaus de leerbaarheid van de stof.

In het boek zijn oefeningen opgenomen waarmee klassikaal kan worden
gewerkt. Op de diskettes staan eveneens oefeningen, die zelfstandig kunnen
worden uitgevoerd, omdat er ook informatie over de grammaticaregels op staat.
Dit maakt *Grammaire Plus* uiteraard ook heel geschikt voor zelfstudie.

408 pp. f 84,50 isbn 90 6283 014 5

Onze boeken zijn verkrijgbaar via iedere boekhandel in Nederland en België.
Rechtstreeks bestellen kan door overmaking van het verschuldigde bedrag
+ f 3,20 porto op giro 602060 van Uitgeverij Coutinho te Bussum o.v.v. het
gewenste.

Solutions et commentaires
Uitwerking van de oefeningen in Matériaux pour la traduction du néerlandais en français
    J. van Baardewijk-Rességuier en M. van Willigen-Sinemus

Solutions et commentaires geeft oplossingen en commentaar bij de oefeningen die in *Matériaux* worden aangeboden. Naast de hoofdproblemen die in *Matériaux* worden aangesneden, behandelt dit boek ook andere vertaalproblemen die in de oefeningen voorkomen.
Het doel van het boek is de student een hulpmiddel aan te reiken waarmee hij niet alleen kan controleren of hij de in *Matériaux* aangeboden stof goed verwerkt heeft, maar waarmee hij ook zijn taal- en vertaalvaardigheid kan verrijken.
Materiaux, Materiaux supplementaires en *Solutions et commentaires* vormen samen een onmisbaar naslagwerk bij het oplossen van vertaalproblemen van het Nederlands naar het Frans.

294 pp. f 44,50 isbn 90 6283 056 0

Onze boeken zijn verkrijgbaar via iedere boekhandel in Nederland en België. Rechtstreeks bestellen kan door overmaking van het verschuldigde bedrag + f 3,20 porto op giro 602060 van Uitgeverij Coutinho te Bussum o.v.v. het gewenste.